Leinwandpoesie

Jahreszeiten

Sammelband

Alex C. Weiss

Bibliografische Information der Deutschen
Nationalbibliothek:
Die Deutsche Nationalbibliothek verzeichnet diese
Publikation in der Deutschen Nationalbibliografie;
detaillierte bibliografische Daten sind im Internet über
http://dnb.dnb.de abrufbar.

Coverdesign und Illustrationen: Alex C. Weiss

Verlag: BoD • Books on Demand GmbH, In de
Tarpen 42, 22848 Norderstedt
Druck: Libri Plureos GmbH, Friedensallee 273,
2276ᒪ Hamburg

ISBN: 978-3-7597-3690-1

Inhalt

Alle vier

Ich liebe alle Jahreszeiten,

ich liebe alle vier.

Sie uns sanft durch das Jahr begleiten,

wir feiern sie dafür.

Allein stünde jede für sich,

wär keine Besonderheit,

doch gemeinsam sicherlich,

bringen sie Heiterkeit.

Der Frühling wäre nicht so schön,

vertrieb er nicht den Frost.

An Sommerszeit ich mich gewöhn,

bringt Herbst doch kühlre Kost.

Baumjahr

Dort hinterm Haus steht still

ein Kirschbaum Jahr für Jahr,

ich gern beschreiben will,

wie`s Tag für Tag wohl war.

Im Sommer wachsen ihm,

die Blüten weiß und zart,

s´ist Feuer noch im Kamin,

der letzte Winter war hart.

Schon bietet Bienen er ein Zuhaus,

sie umschwärmen seine Blüten,

auch Schmetterlinge ziehen aus,

wollten das Haus nicht hüten.

Bald wird sein Dach so grün und dicht,

bietet Schatten uns nun an,

so dass im hellen Sommerlicht,

unter ihm ich lesen kann.

Doch schon eilt Herbstwind um sein Geäst,

lässt seine Blätter fallen,

während er mich schon frieren lässt,

hör ich seine Stürme hallen.

Im Winter steht er so allein,

seh durch das Fenster zu ihm hin.

Am liebsten holte ich ihn rein,

doch hätte das ja keinen Sinn.

Ein Jahr

Ein Jahr ist viel zu schnell vorbei,

verweht in Windeseile,

so mancher Tag wiegt schwer wie Blei,

ich nicht bei ihm verweile.

Die Monate ziehen dahin,

schreib kaum ihre Namen,

sehe mich nicht darin,

kann ihren Lauf nicht glauben.

Da ist das Jahr Vergangenheit,

verklungen sind die Lieder,

ich vermiss die Jugendzeit

und ihre frischen Glieder.

Erdwanderung

Die Erde bleibt nicht statisch stehen,

man hats vom Himmel aus gesehen.

Sie wandert langsam um die Sonne,

lässt uns erleben manche Wonne.

Auch um sich selbst dreht sie sich noch,

verheißt uns manches dunkle Loch,

in finsterer Nacht sehen wir nur die Sterne,

wähnen sie in weiter Ferne.

Ach liebe Erde, ich danke dir,

so wunderbares schenkst du mir.

Die Jahreszeiten, Nacht und Tag,

all das ich ja so gerne mag.

Früher mal

Früher mal war endlos die Zeit,

ein neues Jahr lag fern und weit,

das Alter war nicht abzusehen,

konnte auf Kindesbeinen gehen.

Ferien dauerten wundervoll lang,

vorm neuen Tag war mir nicht bang,

der Sommer war endlos, der Himmel weit,

die ganze Welt stand mir bereit.

Jahreslauf

Den stetgen Jahreslauf,

nehm gerne ich in Kauf.

Die Abwechslung tut gut,

bringt immer neuen Mut.

Auf Kälte folgt doch Sonnenschein,

nach Dunkelheit muss Licht es sein.

Den stetgen Jahreslauf,

nehm gerne ich in Kauf.

Jahresringe

Dort drüben liegt ein dicker Stamm,

es sind kaum Äste an ihm dran.

Wer hat ihn wohl gefällt?

Seine Jahre waren gezählt.

Ich seh es noch an all den Ringen,

die ihm das Lied des Alters singen.

Kann zählen jedes Jahr,

das einst bestimmt ihm war.

Was hat der Baum wohl so erlebt?

Was wohl an seiner Rinde klebt?

Wer lehnte einst an ihm?

Brennt bald er im Kamin?

Jahresweg

Wieder beginnt der Jahresweg,

so frisch im Januar.

Ein unbeschrittener Steg,

so war`s auch letztes Jahr.

Doch schon vergeht der erste Tag,

verstreicht so mache Woche,

ich mich darüber nicht beklag,

über die neue Epoche.

Doch viel zu schnell ist es geschehen,

das Frühjahr lacht uns an.

Der Wind lässt es zu schnell verwehen,

bringt uns den Sommer dann.

Kaum waren wir ein paar mal schwimmen,

kühlt der Herbst uns ab,

will uns schon für den Winter trimmen,

die Zeit wird ja schon knapp.

Schon wieder ruft des Jahres Ende,

schon kommt ein neues Jahr.

Wird diesmal es die große Wende,

die man doch kommen sah?

Jahreszeitenlied

Ich hör das Lied der Jahreszeiten,

jede hat ihre Strophe,

ich lass die Natur die Instrumente leiten,

bin doch nur ihre Zofe.

Frühling singt mit tausend Stimmen,

hat den bunten Vogelchor,

lässt uns durch Sonnenstrahlen schwimmen,

legt Gezwitscher uns ins Ohr.

Sommer bringt uns lautes Gebrumme,

Hummeln fliegen an uns vorbei,

Bienen stimmen ein, mit ihrem Gesumme,

Schmetterlinge fliegen frei.

Herbstwind saust ein schnelles Lied,

lässt die Äste knarren,

fährt ins schnell in Leib und Glied,

lässt uns in Kälte harren.

Des Winters Gesang ist still und klar,

Schneeflocken dämpfen den Lärm,

verzaubern alles wunderbar,

wie ich von ihnen schwärm.

Lebensweg

So wie ein Jahr vergeht das Leben,

zieht der Natur Veränderung,

es ist ein Nehmen und ein Geben,

Zukunftstraum und Erinnerung.

So jung und neu beginnt man doch,

wie Blüten im Frühlingserwachen.

So unbedacht ist man ja noch,

voll unschuldigem Lachen.

Die Liebe lässt uns taumeln,

erahnen Glück und Leid,

lassen die Seele baumeln,

alles andre bringt die Zeit.

Neues Leben kann in uns entstehen,

der Kreislauf beginnt erneut,

dürfen ihm beim wachsen zusehen,

was unser Herz erfreut.

Schon sieht man auch die ersten Falten,

das erste graue Haar,

wir die Erinnerung verwalten,

wie war es wunderbar.

Im Alter wird dann mancher weiser,

der andre nur verbissen.

Unsre Stimme wird immer leiser,

wir sind nunmehr verschlissen.

Der Winter lässt uns endlich schlafen,

vergangen ist des Lebens Zeit.

Wir wollen uns nicht selber strafen,

wolln friedlich gehen, ist es so weit.

Lichtgestalten

Wie wundervolle Lichtgestalten,

den Jahreskreislauf uns gestalten,

davon kann ich ein Liedchen singen,

muss gar nicht mit den Versen ringen.

Im Frühling ist es sanft und hell,

malt bunte Muster uns so schnell.

Im Sommer wird es etwas greller,

die Schattenwürfe immer schneller.

Der Herbst malt uns orange und rot,

bringt manche Lichtgestalt ins Lot.

Der Winter macht das Licht nun weicher,

und die Gestalten um uns bleicher.

Liebeskarussell

Im Frühling lernte ich dich kennen,

wir blühten auf, wie die Natur.

Gemeinsam durch die Wiesen rennen,

wir spürten uns ungeschönt und pur.

Im Sommer war es auch noch leicht,

Genossen wir das leichte Leben.

Gespräche waren ach so seicht,

hatten doch viel zu geben.

Im Herbst zog dann die Schwere ein,

die Worte wogen wuchtiger.

Manch Treffen ließen wir lieber sein,

die Weine wurden fruchtiger.

Im Winter war ich dann allein,

wir passten nicht zusammen.

Manchmal muss es wohl so sein,

hats auch gut angefangen.

Monate

Wer hat die Monate erfunden?

Wer hat sie so benannt?

Wer hat die Zeit uns angebunden?

Seit wann ist sie gerannt?

Würden wir sie nicht benennen,

verging sie auch so schnell?

Würden wir Tageszeit nicht kennen,

wär`s dunkel nur und hell.

Morgen schon

Morgen schon wird Frühling sein,

werden die Vögel uns wecken,

gerade war die Welt noch klein,

nun wolln wir sie entdecken.

Morgen schon kommt Sommerzeit,

die Sonne steht schon hoch,

fürs Schwimmbad stehen wir bereit,

bald kommt das Sommerloch.

Morgen schon kommt Herbst heran,

singt uns mit lauen Winden,

vom lang ersehntem Jahresplan,

wolln seine Ernte finden.

Morgen schon wird alles weiß,

der Winter zieht doch ein.

Vergangen ist der warme Schweiß,

wollen nun drinnen sein.

Morgen schon wird's Christkind kommen,

der Baum erleuchtet hell,

des Jahres Zenit ist nun erklommen,

ach, wie vergeht es schnell.

Reigen der Natur

Die Vegetation ist abhängig,

vom Kreislauf unsrer Welt,

wie Regelwerk so gängig,

wie`s der Natur gefällt.

Auf Winter folgt der Frühling schon,

kurz drauf lacht uns der Sommer an.

Herbst schenkt uns darauf seinen Lohn,

dann klopft der Winter an.

Ein jedes Blümlein geht doch mit,

gleicht sich dem Reigen an.

Ein jedes Tier läuft Schritt für Schritt,

niemals dagegen an.

Tageslänge

Im Jahr bleibt manches gleich,

doch andres ändert sich.

Wann die Sonne den Zenit erreicht,

das wandert sicherlich.

Die Tageslänge, im Sommer so lang,

wirkt sich doch immer aus.

Wenn man das Licht genießen kann,

bleibt Traurigkeit doch aus.

Doch wenn die Tage kürzer werden,

wenn Dunkelheit umhüllt das Sein,

verstecken sich die Menschenherden

und fühlen sich allein.

Veränderung

Der Jahreskreislauf bringt es mit,

treibt weiter uns mit jedem Schritt.

Schon sprießen die Blumen, lacht uns der Mai,

schon ist der Winter einerlei.

Schnell wächst der Sonne Kraft heran,

lässt schwitzen uns im Sommerwahn.

Kaum hat man sich daran gewöhnt,

der Herbst uns doch wieder entwöhnt.

Bringt kühle Winde schon mit sich,

verheißt den Winter sicherlich.

So geht es auch im Lebenskreis,

schon flüstert der Herbst des Lebens leis.

Vergänglichkeit

Im Kreislauf der Natur,

spiegelt Vergänglichkeit,

spiegelt das Leben pur,

eigene Ergebenheit.

Ein jedes Blümlein wächst so frisch,

zur warmen Frühlingszeit,

ziert uns im Sommer Heim und Tisch,

doch bald ist es so weit.

Die Blüte hängt schon schlaff herab,

der Stiel kann nicht mehr tragen,

die Blütenblätter fallen schlapp,

Vogelgesang

Im Frühjahr mir der Vogelgesang,

so wunderlich frisch erklang.

Im Sommer wurde matter er,

klang wie von weiter her.

Im Herbst vermischte er sich mit dem Wind

und mit deinem Lachen, mein Kind.

Im Winter sangen sie so leis,

das war der Kälte ärgster Preis.

Wandel

Wie wundervoll ist doch der Wandel,

der Natur beschlossener Handel.

Nichts bleibt immer, wie es war,

bald wird der Wolkenhimmel klar.

Auf Kälte folgt doch Sonnenschein,

nach Dunkelheit wird hell es sein.

Wir wandeln uns mit der Natur,

fühlen uns selbst, so nah und pur.

Warten

Im Jahreskreislauf wartet man,

so manches mal zu lang.

Als Kind schon winkt der Osterhas,

sitzt Tage später erst im Gras.

Geburtstag lässt zu lange warten,

auch das Grillfest in unsrem Garten.

Ob Nikolaus oder Weihnachtsfest,

ob Fasching oder Osternest,

immer gibt es was zu warten,

niemals kann man direkt starten.

Wind

Ach lieber Wind, du singst mir doch,

des Frühlings warmes Lied.

Bringst warme Luft ins Winterloch,

wärmst mir ein jedes Glied.

Bald wehst den Sommer du herbei,

lässt all die Blüten fallen,

welch bunte Luftmalerei,

lässt grüne Blätter wallen.

Im Herbst bist du besonders stark,

befreist die Bäume nun,

lässt nackt sie stehen in Wald und Park,

lässt sie nun leise ruhn.

Im Winter lässt du die Flocken tanzen,

in wundersamen Reigen,

kannst Eisblumen ans Fenster pflanzen,

oder auch mal ausbleiben.

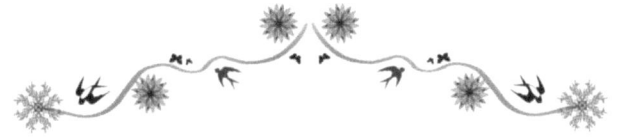

Frühlingsmomente

Für all die frohen Seelen,
die das Frühlingserwachen
herbeisehnen.

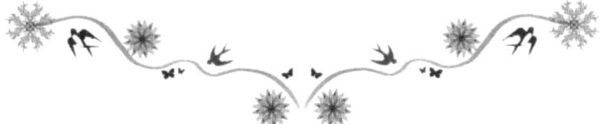

Abendglanz

Goldner Glanz liegt überm Wald,

noch sind die Nächte hier zu kalt,

noch liegen Schneefelder über dem Land,

noch herrscht für uns des Winters Hand.

Doch Abendglanz zieht um die Welt,

legt sonnig sich über das Feld,

kündigt uns den Frühling an,

der bald zu uns kommen kann.

Abendröte

Abendröte überm Haus,

ich setz mich trotzdem nochmal raus.

Genieß die letzten Sonnenstrahlen,

die Lichter an die Hauswand malen.

Ameiseneifer

Da liegt ein großer Käfer im Gras,

sein Leben ist vergangen,

ich ihn lieber liegen lass,

Kreislauf hat angefangen.

Da sehe ich sie kommen,

die kleinen schwarzen Helfer,

die Arbeit aufgenommen,

mit absolutem Eifer.

So winzig klein sind sie,

der Käfer viel zu groß,

doch mit viel Energie,

legen sie auch schon los.

Gemeinsam schaffen sie,

das Unmögliche schnell,

sie tragen dieses Vieh,

das ist sensationell.

Schon sind sie in ihrem Bau,

der Käfer ist verschwunden,

die Tierchen sind so schlau,

haben sich nicht mal geschunden.

Apfelblüte

Da summt es um den krummen Baum,

belebt ist er mit allerlei Getier,

er blüht wieder, man glaubt es kaum.

Das älteste Holz hat er doch hier.

Der alte Apfelbaum steht schon,

seit Omas Zeiten hier im Garten,

die Bienen holen ihren Lohn,

auf Pollen müssen sie nicht warten.

Die weißen Blüten, rosa bestäubt,

verhüllen nun die alte Rinde,

die Sorgen in mir sind betäubt,

bin nun des alten Baumes Kinde.

Ich erfreu mich so an seinem Bild,

nehm das Gesumme in mich auf.

Die Schönheit meine Sehnsucht stillt,

Untätigkeit nehm ich in Kauf.

Aprilwetter

Launisch ist der Frühling nun,

zeigt uns all seine Gesichter,

lässt uns sehen Glanz und Ruhm,

Dunkelheit und helle Lichter.

Schnee peitscht uns schon ins Gesicht,

gleich darauf gibt's Regenwetter,

Sonne folgt auf kalte Gischt,

da wirkt der Garten gleich viel netter.

Doch schon kommt Hagel aus den Wolken,

vernichtet manche Blumenpracht,

und ist der Himmel abgemolken,

umweht ein warmer Wind uns sacht.

Aufblühen

Die Welt entfaltet sich in Farben,

in Stilen, Blättern, feinen Garben,

ein jedes Blatt wird neu geformt,

kein einziges ist durchgenormt.

Frühling lässt die Welt erstrahlen,

lässt die Natur in Farben malen,

die unser Geist zu lang vermisst,

die man im Winter doch vergisst.

Nun endlich blüht die Wiese auf,

legt bunte Tupfen obendrauf,

malt Blütenblätter ins Gräsermeer,

ja, Frühling. Das gefällt uns sehr.

Barfuß laufen

Die Schuhe bleiben heut im Schrank,

nein, davon wird man nicht krank,

ich will heut alles fühlen,

ins Erdreich mich heut wühlen.

Ob Steine oder Moos,

alles ist grandios.

Die Füße wollen spüren,

wollen mich weiterführen.

Möchte durch die Wiese laufen,

springen in die Heuhaufen,

will endlich wieder fühlen,

ich werd mich nicht verkühlen.

Bienenmusik

Bienenmusik und Hummelgesang,

was für ein wundervoller Klang,

lass mich auf ihr Brummen ein,

Frühlingssymphonie solls sein.

Blattgrün

Grün in hunderten Facetten,

Sonnenstrahlen glitzernd nun,

grüne Blätter, grüne Kletten,

grüne Zweige im Frühlingsruhm.

Wieder wachsen alle Pflanzen,

wieder sprießen sie gen Himmel,

die Schmetterlinge fröhlich tanzen,

die Bienchen summen im Gewimmel.

Grün wird die Welt und warm und weich,

lass dich von ihr berauschen,

Libellen schwirren am blauen Teich,

wir wollen sie belauschen.

Blauer Himmel

Kaum tret ich aus der Tür hinaus,

seh in den Himmel ich hinauf.

So hell und blau, gleichmäßig gemalt,

wer hat den Preis dafür bezahlt?

Kein Wölkchen sehe ich dort oben,

darf den Tag nicht vor dem Abend loben.

Doch heut ist kein Bedarf zu meckern,

kein Regentropfen wird mich bekleckern.

Die Sonne scheint den ganzen Tag,

hör Vogelgesang, so wie ich es mag.

Niemand meine Laune verdrießt,

in mir Frühlingswonne sprießt.

Blühfrisch

Wie gewaschene Wäsche, so blütenfrisch,

wie ein Blumenstrauß auf deinem Tisch,

wie ein neuer Morgen nach langer Nacht,

lässt uns der Frühling erwachen sacht.

Ganz neu beginnt alles zu sprießen,

im Winde Düfte sich ergießen,

so blühfrisch und sonnenwarm,

mit frühlingsfeinem Blütencharme.

Lass uns die neue Welt genießen,

lass barfuß uns laufen, über die Wiesen,

lass atmen uns, so tief und weit,

für den Frühling sind wir bereit.

Blumengrüße

Heute wollen wir Blumen gießen,

sehe sie nun endlich sprießen,

dort im Garten warten sie,

spüre ihre Energie.

Ihre Köpfchen wackeln im Wind,

stimmen fröhlich jedes Kind,

bunte Tupfen in der Welt,

ich hoffe, dass kein Schnee mehr fällt.

Blumenkranz

Strahlend läufst du über die Wiese,

pflückst mal hier, mal da ein Pflänzchen,

hältst die Nase in die Prise,

teilst dir mit dem Wind ein Tänzchen.

Blumenkranz auf deinem Haar,

Sonnenschein in deinen Augen,

ich lang nicht so zufrieden war,

kann kaum dem eignen Herzen glauben.

Blumenstrauß

Draußen auf der Wiese,

seh ich ein Mädchen laufen,

in frühlingshafter Brise,

sich ihm die Haare raufen.

Es sucht nach schönen Blüten,

für sein Mutterherz,

doch in mir fühl ich wüten,

einen leisen Schmerz.

Bedeutet doch der Blumenstrauß

für Blüten nur den Tod.

Die Pflanzen sind in unsrem Haus,

doch Mittel nur zur Not.

Viel lieber seh die Blumen ich,

auf frischer Wiese stehen,

dazu müssen wir dich,

nur überreden zu gehen.

Komm mit mir raus in die Natur,

dann brauchst du keinen Blumenstrauß,

genieß die Blüten draußen pur,

verlass doch einfach mal das Haus.

Blütenmeer

Blütenmeer auf grünem Grund,

lässt uns träumen.

Blumenpracht vorm Waldesschlund,

es regnet Blüten aus den Bäumen.

Buntes Feuerwerk im Wind,

Farbenpracht vorm Haus.

Voll nun unsre Herzen sind,

bei diesem Augenschmaus.

Blütenpracht

Um uns herum die Welt erwacht,

erfüllt alles mit Blütenpracht.

Die Wärme drängt tief in uns,

es aufzunehmen ist die Kunst.

Lass Frühlingsliebe nun erwachen,

lass Freude durch die Herzen krachen.

Lass uns die Welt um uns umarmen,

uns unsrer Mitmenschen erbarmen.

Die Augen sollen offen sein,

die Herzen wieder weit und rein.

Die Kälte des Winters muss entweichen,

der Frühling soll unsre Seele erreichen.

Blütenvielfalt

Kleine Blüten weiß und zart,

große Blätter spitz und hart,

Weiße Blumen und auch rote,

jede hat ne andre Note.

Manchmal ists ein ganzer Haufen,

andre kann allein man kaufen.

Blütenvielfalt überall,

Blumenarten in hoher Zahl.

Welch Reichtum bietet die Natur,

bestaunen kann ich sie doch nur.

Bootsfahrt

Heute wolln wir raus zum See,

freu mich schon, wenn ich dich seh.

Lass uns neue Wege gehen,

sehe Boote drüben stehen.

Komm wir mieten eines an,

fahren eine Stunde dann,

auf den See hinaus,

das wird ein Augenschmaus.

Die Wellen schaukeln uns ganz sanft,

warum schaust du denn so verkrampft?

Was dir wird schlecht? Dir geht's nicht gut?

Ach, schöpfe einfach neuen Mut.

Doch nein, die Übelkeit ist schlimm,

ganz grün bist du um Mund und Kinn,

die Stunde reizen wir nicht aus,

schon sind wir auf dem Weg nach Haus.

Bummeln gehen

Heute wolln wir bummeln gehen,

heute wolln wir nur genießen,

wollen schöne Dinge sehen,

niemand wird uns das vermiesen,

Komm wir gehen zum Marktplatz dort,

viele Stände gibt es hier,

was für ein belebter Ort,

hab da schon was im Visier.

Will mir noch ein Kleidchen kaufen,

und vielleicht auch ein paar Schuh.

Kann ja nicht mit diesen laufen,

nein, noch geb ich keine Ruh.

Komm wir wollen noch was essen,

drüben dort am neuen Stand,

hab ich noch etwas vergessen?

Doch schnell nimmst du meine Hand.

Endlich willst du nun nach Haus,

hast genug von unserm Tripp.

Ach, man muss doch auch mal raus,

nehm dich morgen wieder mit.

Das erste Eis

Das erste Eis im Jahr,

immer besonders war.

Noch weht der Wind so kalt,

mit Winters Urgewalt.

Doch schon erahn ich leis,

den Geschmack von Eis,

auf meiner Zunge kühl,

was für ein Gefühl.

Die Eisheiligen

Schon Oma warnte mich davor,

ich hörte nur mit halbem Ohr,

die Eisheiligen stehn bevor.

Noch soll man nicht die Blumen pflanzen,

nicht Löcher in die Erde stanzen,

noch nicht zu Gärtners Liedern tanzen.

Sie frieren dir sonst alles ein,

machen die schönsten Blüten klein,

sie werden noch dein Unglück sein.

Drahtesel

Ein seltsam Tier steht da im Schuppen,

lebt mal allein und mal in Gruppen,

im Winter kommt es selten raus,

bleibt lieber drin im hölzernen Haus.

Doch wenn der Frühling endlich kommt,

da erwacht das Tier doch prompt.

Die Menschen holen es aus dem Schlaf,

es ist nicht Bär, nicht Hund oder Schaf.

Nein, ein Drahtesel lebt dort,

dieses Tier gibt's an jedem Ort.

Die Menschen lieben es gar sehr,

bei gutem Wetter noch viel mehr.

Es bringt sie doch an jeden Ort,

ist er nicht zu weit von zu Hause fort.

Doch manche trägt er auf seinem Rücken,

bis ans Meer, das wird sie entzücken.

Ein Esel aus Draht und Gummireifen,

nur für uns Menschen zu begreifen.

Kommt lasst uns radeln durch den Wald,

das Auto bleibt heut lieber kalt.

Duft des Frühlings

Was zieht denn da durch die warme Luft?

Was kitzelt an meiner Nase?

Ist es etwa des Frühlings Duft?

Hier in meiner Oase?

Draußen schnupper ich gerne,

an Blumen und Gräsern überall,

auch aus der größten Ferne,

zieht Frühlingsduft über den Erdenball.

Wie wundervoll der süße Geruch

uns aus dem Schlaf erweckt.

Wie ein warmes grünes Tuch,

das unsre Kälte versteckt.

Erdbeeren

Erdbeeren so süß und fein,

sollen meine Speise sein.

Rote Früchte in meinem Mund,

geben Frühlingsgaben kund.

Erdbeeren lieb ich so sehr,

geb jede Schokolade her,

für diese wunderbare Frucht,

des Frühlings gesunde Sucht.

Erwachen

Heut Morgen weckte mich Gesang,

ich sprang aus meinem Bette dann

und öffnete die Fenster weit,

endlich war es nun so weit.

Der Frühling war schon angekommen,

ich hatte ja noch angenommen,

ich müsste darauf länger warten,

gerade lag noch Schnee im Garten.

Doch heut hört ich die Vögel singen,

sah Eichhörnchen durch Äste schwingen,

Schmetterlinge belebten mein Sein,

nun endlich darf es Frühling sein.

Farbenpracht

Ich preise des Frühlings Farbenpracht,

seine hellen Lichter, seine süßen Gerüche.

Seine Düfte streifen durch die Winde sacht,

verbreiten des Sommers neue Gerüchte.

Ich preise des Frühlings bunte Gefährten,

die nun aus allen Ecken sprießen,

die nun besiedeln Wiesen und Gärten,

ich preise nun des Frühlings Wissen.

Frische

Frische Luft zieht um das Haus,

ich häng die warmen Betten raus.

Lass nun die alten Sorgen los,

die Hoffnung wird nun wieder groß.

In Schönheit liegt die Welt vor uns,

Blumen strahlen von großer Kunst,

die Weite lässt uns klarer denken,

lass Frieden gegenseitig schenken.

Komm grüß den Nachbarn wieder nett,

nimm von der Stirn das dicke Brett,

lass offen uns füreinander sein,

frischer Wind kann heilend sein.

Frühjahrsputz

Viel angesammelt hat sich hier,

über die kalte Zeit.

Darum mein Herz erscheint es mir,

als wär es nun so weit.

Der Frühjahrsputz muss endlich sein,

der Schmutz muss wieder raus,

danach werden wir glücklich sein,

es wird ein Augenschmaus.

Die vielen Sachen ausgemistet,

das braucht doch wirklich keiner,

der Frühling hat sich eingenistet,

der Müll kommt in den Eimer.

Und sind wir vom Ballast befreit,

lassen wir die Seele baumeln,

dann haben wir nun endlich Zeit,

in Frühlingslust zu taumeln.

Frühlingsatem

Frühlingsatem haucht übers Feld,

belebt nun unsre karge Welt,

lässt sie leben und erblühen,

den Himmel über uns erglühen.

Endlich tauchen wir nun ein,

wollen Teil der Welt doch sein,

saugen auf die Schönheit der Natur,

fühlen uns lebendig und pur.

Frühlingsbote

Deine gelben Flügel erfreuen mein Herz,

löschen den winterlichen Schmerz,

lassen Kälte und Eis verblassen,

lassen mich Frühlingsreime verfassen.

Zitronenfalter, du feiner Geselle,

markierst das sonnige Gefälle.

Wenn du über die Wiesen schwebst,

du deine Flügel endlich erhebst,

dann wissen wir, nun wird es heller,

das Leben wieder individueller.

Komm Frühlingsbote, sing dein Lied,

dem Winter fröhlich zum Abschied.

Lass deine gelben Flügel sehen,

der Winter kann zum Teufel gehen.

Frühlingsbuch

Draußen mach ich es mir bequem,

kann von hier aus alles sehen,

Bunte Blumen, weite Felder,

blauen Himmel, grüne Wälder.

Doch die Welt um mich wird klein,

tauch in andren Kosmos ein.

Frühlingsduft

Ein Wind weht wieder durch den Garten,

lässt Großes mich nun schon erwarten,

es riecht nach Erdbeeren und süßem Klee,

vergangen ist nun Eis und Schnee.

Ich atme tief und riech den Frühling,

seh schon den ersten Schmetterling.

Zitronenduft in meiner Nase,

die ersten Tulpen in der Vase.

Frühlingduft zieht schon ums Haus,

lockt auch die letzten Schläfer raus,

komm wir ziehen um die Gassen,

wollen den Winter vergessen lassen.

Frühlingserwachen

Und wieder trösten mich der Sonne strahlen,

erwecken mich aus finstrem Traum.

Erlösen auch die Bäume, die kahlen,

von ihrem kaltem Winterflaum.

Schon strecken sich die ersten Blüten,

dem Himmelblau entgegen,

schon müssen sich die Tiere hüten,

auf allen Wanderwegen.

Frühlingsfest

Die gleiche Musik, wie im letzten Jahr,

s´ ist wie´s in meiner Kindheit war,

so hallt es mir nun ins Ohr,

ertönt der alte Chor.

Zurücktreten bitte, die Fahrt beginnt,

der eine flucht, der andre gewinnt,

Noch eine Runde, noch einmal schießen,

eine Rose für die Liebsten,

Frühlingsfest ist wieder hier,

da fließen wieder Schnaps und Bier.

Und wenn ich das auch gar nicht mag,

so wart ich doch auf diesen Tag,

bringt mir die Nostalgie zurück,

bedeutet für mich altes Glück.

Frühlingsgekitzel

Das Morgenlicht erhellt das Herz,

lässt sanft die Seele erwachen.

Die Liebe wandert himmelwärts,

lässt uns vor Freude lachen.

Die Sonne hat uns aufgeweckt,

der Frühling uns gekitzelt,

das Leben hat uns neu entdeckt

und unser Herz bespitzelt.

Frühlingskleid

Nun endlich darf die dicke Jacke,

im Schrank ihre Tage fristen,

während ich mir mein Kleidchen packe,

der Schrank wär auch mal auszumisten.

Doch heute hab ich keine Zeit,

ich zieh mein schönes Kleid nun an,

mach mich für unser Date bereit,

es fühlt sich so nach Frühling an.

Sanft liegt das Kleid auf meiner Haut,

kein Bund engt meinen Körper ein,

hab mich im Spiegel angeschaut,

zufrieden kann ich heute sein.

So wunderbar frei im Frühlingskleid,

so unbeschwert und leicht,

endlich ist es wieder so weit,

Frühling ist nun erreicht.

Frühlingslied

Schon weckt der erste Sonnenstrahl,

das Glück in meinem Herzen,

erlöst mich ohne jede Wahl

von winterlichen Schmerzen.

Hat grad die Wehmut noch regiert,

zieht nun die Freude ein.

Voll Tatkraft bin ich motiviert,

will unter Leuten sein.

So ziehen nun die Bienen aus,

die Schmetterlinge fliegen,

ein jeder kommt aus seinem Haus,

will sich im Tanze wiegen.

Frühlingsluft

Schon liegt Frühling in der Luft,

lockt uns der süße Blütenduft.

Die Sonne scheint, das Herz taut auf,

hinaus in die Natur ich lauf.

Gesumme erfüllt Busch und Baum,

Farben sprießen wie im Traum.

Die hellen Stunden trösten sehr,

die Dunkelheit hält uns nicht mehr.

Losgelöst sing ich ein Liedchen,

summ gemeinsam mit den Bienchen.

Endlich ist es nun so weit,

Frühling ist zum Tanz bereit.

Frühlingspracht

Der Frühling kommt mit aller Macht

und zeigt uns seine ganze Pracht.

Farbenhülle,

Blütenfülle,

die Erde wacht nun wieder auf,

füllt alle ihre Speicher auf.

Der Frühling ist nun aufgewacht

und zeigt uns seine Lebensmacht.

Frühlingsschwimmen

Der See liegt still und klar vor mir,

die Sonne scheint so hell,

lachend seh ich hin zu dir,

du umarmst mich schnell.

Die Schuhe fliegen schon davon,

der Pulli hinterher,

was wird das für eine Aktion?

Denk lieber nicht zu sehr.

Hinein in die kalte Flut,

eisig es uns packt,

doch in uns herrscht des Frühlings Glut,

das Herz schlägt in schnellem Takt.

Strahlend siehst du mich nun an,

wir schwimmen zurück ans Land,

so etwas braucht man, dann und wann,

als frisches Lebenspfand.

Frühlingsspaziergang

Bewege mich Schritt für Schritt,

genieße jeden Augenblick.

Sonnenstrahlen malen Bilder,

Wiesen wachsen wieder wilder.

Kräuter zwischen Frühlingsblumen,

zaubern buntes Wuchsvolumen.

Überall gedeiht die Welt,

hoch oben lacht das Himmelszelt.

Farben leuchten um die Wette,

wenn ich doch mehr Zeit nur hätte,

zu genießen diesen Moment,

doch zu schnell der Tag doch rennt.

Frühlingstraum

Im Traum ist mir der Frühling erschienen,

kam mit Blüten und mit Bienen,

zeigte mir die bunte Welt,

das wolkenlose Himmelszelt,

als ich am Morgen dann erwachte,

ich lang noch an den Traum gedachte,

doch noch liegt Schnee über dem Feld,

noch herrscht Winter in der Welt.

Frühlingswunder

Staunend sehe ich mich um,

sehe die Veränderung.

Täglich erwacht die Welt von neuem,

darf mich nicht vor dem Wandel scheuen.

Ein Wunder wartet jeden Tag,

für jeden, der es sehen mag.

Frühlingswunder will ich suchen,

die Tour durch den Zaubergarten buchen.

Komm ich zeig dir meine Welt,

deren Magie auch dir gefällt.

Frühtau

Des Morgens ziehen wir schon los,

noch liegt Nebel über den Wiesen,

ist die Erwartung nun auch groß,

lässt sie doch Hoffnung sprießen.

Der Frühtau liegt noch überm Gras,

wir ziehen hoch hinauf.

Zu sehen gibt's dort immer was

und Glücksgefühl zuhauf.

Gartenmöbel

Wir gehen ins Gartencenter heut,

warum sind hier so viele Leut?

Der Frühling hat erst angefangen,

schon sieht man sie um Ware bangen.

Wir brauchen noch nen Liegestuhl

und für das Kind nen kleinen Pool.

Ne Garnitur für die Terrasse,

passend dazu Besteck und Tasse.

Und der Balkon wird auch bestückt,

damit wird Omas Herz beglückt,

Geranien in bunten Töpfen,

den Blumen hängen schon die Köpfchen.

Nun alles noch zur Kasse karren,

zusammen mit den andren Narren,

der Garten wird jetzt wieder schön,

mein Frühlingsherz ich nun verwöhn.

Gartenzeit

Frühlingszeit ist Gartenzeit,

 heute nun ist es soweit,

heut ziehen neue Pflanzen ein,

umrandet nur mit Holz und Stein.

Die Erde riecht nach frischem Tag,

die Arbeit ich niemals beklag,

die Beete werden von Schmutz befreit,

still arbeiten wir heute zu zweit.

Bald ist der Garten wieder schön,

für uns beide herrlich anzusehen.

Und nach der Arbeit kommt das Vergnügen,

damit wollen wir uns begnügen.

Gartenzimmer

Jetzt endlich hat die Sonne,

mein Zimmer mir bereitet,

was für eine Wonne,

mir übers Herz nun gleitet.

Die Wohnung wird groß,

ich kann wieder hinaus,

in Mutter Naturs Schoß,

ins grüne Gartenhaus.

Genuss

Wenn draußen Blümlein wachsen,

wenn Beeren uns nun locken,

denken wir nicht erwachsen,

lassen wir uns nicht schocken.

Wir wollen nun genießen,

was die Welt uns schenkt.

Die Blümelein uns sprießen,

am Baum die Blüte hängt.

Die Farben uns gefallen,

die Düfte rufen süß.

Lass mich ins Moos nun fallen,

ich bin im Paradies.

Grillabend

Grillabend hinter dem Haus,

hol schon mal die Kohlen raus,

die Nachbarn kommen mit Salat,

die Kinder stehen schon parat.

Da wird das Fleisch hoch aufgetürmt,

schon bald wird das Buffet gestürmt,

für mich dürfen`s nur Pilze sein,

ich ess kein Tier, ob groß ob klein.

Beim Grillen soll ich ne Ausnahme machen?

Findest du das nicht zum Lachen?

Ach, ess doch was dir selbst gefällt,

das ändert auch nicht meine Welt.

Ich genieße den Salat,

für den kein Tier gelitten hat.

Und du kannst essen, was du willst,

womit du gern den Hunger stillst.

Grüne Wiese

Grüne Wiese, gelbes Feld,

rote Blumen, weite Welt,

Frühling kehrt nun wieder ein,

wäscht die Welt uns wieder rein.

Alles wächst, alles gedeiht

und ein jeder ist bereit,

das eigen Herz nun aufzuschließen,

wenn überall die Blümlein sprießen.

Blauer Himmel, wolkenlos,

endlich ziehn wir wieder los,

hinaus in die Welt, Gemeinschaft erleben,

Frühling bereichert unser Leben.

Hängemattenblues

Zwischen den Bäumen hinterm Haus,

platzier ich die Hängematte.

Komm hier immer gerne raus,

entflieh mancher Debatte.

Hier muss ich mich nicht unterhalten,

muss keinem Menschen Rede stehen,

hier dürfen andre Mächte walten,

darf meine Seele müßig gehen.

Heimkehr der Zugvögel

Zugvögel kommen schon zurück,

was ist das für ein großes Glück,

sie endlich wieder hier zu haben,

mit ihnen kommen andre Gaben.

Der Frühling zieht nun endlich ein,

die Wärme soll nun unser sein.

Die Kälte wolln wir nicht mehr fühlen,

nicht mehr durch kalten Schnee uns wühlen.

Zugvögel kommen wieder heim,

es wird des Frühlings Anfang sein.

Heuschnupfen

Draußen blüht die Erle fein,

du willst lieber drinnen sein.

Die Birke wirft nun Pollen ab,

das hält dich viel zu sehr auf Trab.

Gräser blühen, Blumen sprießen,

bei dir nur die Tränen fließen.

Die Augen rot, die Nase zu,

Heuschnupfen lässt dir keine Ruh.

Im Cafe`

Endlich sitz ich wieder,

hier vorm kleinen Cafe`.

Die Amseln singen Lieder,

und Spatzen ich her seh,

die Brotkrumen sich suchen,

sie haben keine Angst,

ziehen zurück sich in die Buchen,

wenn Nähe du verlangst.

Von hier seh ich den Menschen zu,

sie hetzen durch die Gassen,

warum nur findet keiner Ruh?

Kann sich nicht niederlassen?

Im Park

Mitten in der Stadt

gibt es eine Oase,

dort wächst Blüte und Blatt,

dort sieht man Fuchs und Hase.

Der Park ist wirklich groß,

bietet manch Tierlein Platz,

im städtischen Schoß

ist das ein großer Schatz.

Lass ihn uns bewahren,

lass ihn uns beschützen,

nicht mit unsren Karren,

fahrn durch seine Pfützen.

Lass ihn sauber bleiben,

den Tieren Platz gewähren,

keinen Unsinn treiben,

in menschlichen Sphären.

Insektenerwachen

Die erste Fliege dort am Fenster,

wie lange ist sie wohl schon da?

Grad wachten noch Winters Gespenster,

nun sind des Frühlings Boten da.

Der Schmetterling dort auf der Blüte,

gerad erst hab ich ihn entdeckt,

um Nahrung er sich schon bemühte,

hat er sich gestern noch versteckt?

Die Bienchen dort am Krokusfeld,

die waren gestern noch nicht hier.

Schon erwacht die Insektenwelt,

erwachen wir doch auch mit ihr.

Kaffee im Garten

Lange war es viel zu kalt,

lange lag der Schnee,

überm Garten, überm Wald,

überm grünen Klee.

Nun aber die Sonne lacht,

lockt mich wieder raus,

hab Kaffee mir schnell gemacht,

den nehm ich mit hinaus.

Ach, wie schön ist es im Frühling,

im Garten mit Kaffee,

Bienchen und auch Schmetterling,

ich hier draußen seh.

Der Himmel scheint mir heut so hoch,

die Wolken gar so fern,

den Mond seh ich blass nur noch,

und auch den Abendstern.

Kirschblüte

Der große Garten am Ende der Stadt,

ist heute rosa angemalt,

gestern noch war er kahl und matt,

heute jedoch ist er erstrahlt.

Komm lass uns dort spazieren gehen.

Die Kirschblüte hat begonnen.

Lass Blütenblätter uns umwehen,

bald ist die Schönheit doch zerronnen.

Wie schnell der Augenblick vergeht,

nach ein paar Tagen ist es vorbei.

Die Blüten sind vom Wind verweht,

nun herrscht noch grünes Einerlei.

Kleiner Spatz

Kleiner Spatz so rund und weich,

wart, ich füttere dich gleich.

Musst noch nicht von dannen fliegen,

ich lass dir ein paar Körner liegen.

Hol deine Freunde und Gefährten,

aus all den kahlgefressenen Gärten,

sie sollen hier zum Festmahl kommen,

sie werden bei mir aufgenommen.

Knospen

Das Gras ist kurz noch,

sprießt in hellem Grün,

schon kann man erste

Knospen sehn.

Wie kleine Köpfe

auf schmalen grünen Körpern,

wie bunte Knöpfe,

die den Frühling verkörpern.

Bunte Knospen hier und dort,

vertreiben Winterstille,

Bienen summen an jedem Ort,

das ist des Frühlings Wille.

Kräuterbeet

Mein Kräuterbeet dort im Garten,

das musste allzu lange warten,

den Winter über so verwaist,

hat es sich mir heut angepreist.

Nun endlich soll ich es bestücken,

mit neuen Kräutern es beglücken.

Mit Düften, die durch den Garten wehen,

mit Blüten, die wir gerne sehen.

Kräuterbeet, musst nicht mehr warten,

heute pfleg ich meinen Garten.

Maibaum

Ein seltsam Brauch ist es für mich,

da hieven sie den Baum empor,

Erlebnis ach so feierlich,

sie singen auch dazu im Chor.

Gekleidet in die Lederhose,

die Mädchen im Dirndl rausgeputzt,

die Zunge wird nun wieder lose,

und manch einer sie falsch benutzt.

Das Bier fließt auch in Strömen wieder,

schon bald steht auch der stolze Baum.

Mir fährt`s jedoch durch alle Glieder,

der Brauch ist nicht schön anzuschaun.

Ich mag die dumpfen Lieder nicht.

Mag keine Trachten und kein Bier,

verleiden will ich es dir nicht.

Nein, denn Genuss, den gönn ich dir.

Marienkäfer

Ein Käfer landet auf meiner Haut,

sein Brummen war nicht sonderlich laut.

Nun krabbelt er an mir hinauf,

klettert nach oben in schnellem Lauf.

Seine Flügel sind mit frischem Rot bemalt,

mit schwarzen Punkten er auch prahlt.

So rund ist er, so niedlich und klein

und doch kann er gefährlich sein.

Für Blattläuse ist er ein Graus,

er nimmt die armen Tiere aus,

er frisst sie auf, mit Haut und Haar,

ein Raubtier, wie der Jaguar.

Mittagsstille

Jetzt da die Sonne wieder wärmt,

ist mittags es oft hier sehr still.

Gerade wurde noch gelärmt,

nun doch die Ruhe jeder will.

Eben noch wurde gehämmert,

geschraubt und auch gebohrt.

Doch kaum es Mittagsruhe dämmert,

kehrt Stille ein an jedem Ort.

Im Sommer ist es dann noch leiser,

kein Mensch will mittags aus dem Haus,

man wird doch mit der Zeit auch weiser,

setzt sich der Hitze nicht mehr aus.

Mondscheinfrühling

Wie wundervoll die warme Luft,

hinaus uns in die Nacht nun ruft,

der Frost ist lang vergangen,

Rot liegt auf meinen Wangen.

Nun endlich wird die Welt uns weit,

das Himmelszelt steht schon bereit,

der Mond singt uns ein sanftes Lied,

hinaus es uns nun wieder zieht.

Komm wir legen uns ins Gras,

träumen ohne Unterlass,

unsere Hände finden sich,

jetzt gibt es nur noch dich und mich.

Morgengesang

Dort draußen sitzt ein eifrig Gesell,

der singt mein Morgenlied,

es ist noch nicht richtig hell,

die Nacht von dannen zieht.

Jeder Tag beginnt,

mit wundersamem Gesang,

die Zeit zu schnell verrinnt,

mir wird ums Herz schon bang.

Wird eines Tages denn,

ein anderer ihn ersetzen?

Bemerke ich es wenn,

andere ihn verletzen?

Die Welt ist stehts im Wandel,

und doch bleibt sie auch gleich.

Welch seltsamer Handel,

für unser Erdenreich.

Morgenglanz

Des Frühs, wenn alle Welt noch ruht,

wenn Träume noch hier walten,

wenn noch nicht ruft die Vogelbrut,

die Ampeln noch nicht schalten.

Dann liegt besonderer Glanz in der Luft,

graugoldener Nebel zieht durch die Wolken,

mit ihr kommt sanfter Frühlingsduft,

dem süßere Träume folgen.

Narzissenlied

Wenn ich die gelben Blüten sehe,

sie sonnig mir ins Auge stechen,

beschwingt ich durch die Tage gehe,

muss für die Heizung nicht mehr blechen.

Nun endlich singen die Narzissen,

mir goldne Lieder in mein Ohr,

singen von ihrem Frühlingswissen,

beschwingt ist der Narzissen Chor.

Neue Freude

Neue Freude zieht durchs Land,

neue Lieder erklingen,

endlich lässt los des Winters Hand,

will Frühlingslieder singen.

Neue Energie ergreift das Sein,

lässt uns wieder hoffen,

große Sorgen werden klein,

Herzen werden offen.

Lasst uns nun gemeinsam gehen,

hören wir uns wieder zu.

Lasst uns füreinander stehen,

wieder wir statt ich und du.

Neues Leben

Wieder erwacht die Erde neu,

sprießen Keimlinge aus der Spreu,

wieder sehen wir neues Leben,

was kann es denn Schönres geben?

Frühling lässt die Welt erwachen,

lässt die Herzen wieder lachen,

weckt die graue Seele auf,

nimmt keine Dunkelheit in Kauf.

Osterfeuer

Hoch türmt ihr die Hölzer auf,

ehret noch den alten Brauch.

Bald werden die Flammen lodern,

lass das Holz nicht nass vermodern.

Doch ehe ihr das Feuer schürt,

und das hellste Leuchten kürt,

prüft doch erst den großen Haufen,

lasst zuerst die Tiere laufen,

die Zuflucht suchten in dem Stapel,

hört ihrer Füße wild Getrappel.

Erst wenn sie dann von dannen zogen,

sind wir dem Feuer mild gewogen.

Osternest

Da hinten ist doch was versteckt.

Hast du das etwa ausgeheckt?

Da ist ein Nest, so rund und braun,

es ist gar wohlig anzuschaun.

Was liegt denn drin? Vielleicht ein Ei?

Nein, es sind ihrer drei.

Doch Vorsicht, fasse sie nicht an,

die Mutter dich sonst riechen kann.

Das Osternest dort auf dem Baum,

ist doch der Vogelmutter Traum.

Drum lass es stehn und schütz es auch,

das ist der neue Osterbrauch.

Ostersuche

Schon seh ich draußen im grünen Garten,

die Kinder ungeduldig warten.

Hat der Osterhase was Schönes gebracht?

Hat er`s versteckt tief in der Nacht?

Schon seh ich leuchtende Kinderaugen,

die noch an Ostermärchen glauben.

Sie suchen in jeder Ecke genau,

ach, ist der Osterhase schlau.

Picknick

Picknick draußen unter der Weide,

dort im grünen Park am See.

In kühlen Stoff ich mich nun kleide,

dann setz ich mich in grünen Klee.

Geselliges Lachen an frischer Luft,

Erdbeeren und kühles Wasser.

Der Wind bringt uns den Frühlingsduft,

Wintertraum wird wieder blasser.

Schon streck ich meine Füße aus,

genieß die Sonnenstrahlen,

nichts hält mich mehr im dunklen Haus,

will Frühlingsbilder malen.

Raus aus den vier Wänden.

Nun endlich wird es wärmer,

nun endlich wird es hell.

Seh schon die Sommerschwärmer,

sie packen alles schnell.

Hinaus wollen sie strömen,

kaum zieht der Frühling ein.

Des Winters Last versöhnen,

soll ihre Botschaft sein.

Raus aus den vier Wänden,

kommt in die Welt hinaus.

Reicht euch an den Händen,

dem Frühjahr zum Applaus.

Regenbogenlicht

Hoch oben steht ein Regenbogen,

mich selten meine Augen trogen,

doch würde ich ihn nun verfolgen,

suchte ich die Belohnung golden,

so müsst ich die Enttäuschung spüren,

denn niemals könnt ich ihn berühren.

Sandalen

Nun endlich raus aus den warmen Socken,

die Nägel wieder frisch gestutzt,

hinfort mit stiefeligen Brocken,

Sandalen werden nun geputzt.

Ich will die Füße wieder zeigen,

will barfuß durch den Regen gehen,

will auch in warme Pfützen steigen,

lass meine zarten Schuhe sehen.

Nur ein paar Riemchen um das Gelenk,

nur eine Sohle schlank und glatt,

ach, was ist das für ein Geschenk,

es setzt den stärksten König matt.

Schmeicheldüfte

Schmeicheldüfte ziehen übers Land,

reichen uns die Frühlingshand,

lassen erahnen schon warme Luft,

bringen uns süßen Rosenduft.

Schmeichelwinde streicheln die Haut,

warm der neue Morgen graut,

Frühlings Augen liegen auf uns,

verwandeln unsre Welt in Kunst.

Schmeichelblüten betupfen das Feld,

verwandeln unsre graue Welt,

Frühlings Pinsel hat gestrichen,

des Winters Dunkel ist gewichen.

Schmetterling

Schmetterling du lieblich Tier,

tanzt den schönsten Reigen mir.

Deine Farben beleben mein Herz,

deine Leichtigkeit nimmt mir den Schmerz,

Seh dir so gern beim Leben zu.

Find in deiner Schönheit Ruh,

Beneid dich auch so manches mal,

vergesse manche Seelenqual.

Schneeglöckchen

Dein kleines Köpfchen spitzt aus dem Schnee,

ich freu mich so, wenn ich dich seh.

Du kündigst uns den Frühling an,

die Natur nimmt ihren Gang.

Aus einer Blüte werden viele,

aus dem Frost wachsen grüne Stile,

weiße Köpfchen, dreigeteilt,

sind durch die weiße Pracht geeilt.

Schon schmilzt der Schnee ums Haus,

Krokusse spitzen heraus,

teilen sich mit dir den Garten,

muss nicht mehr auf den Frühling warten.

Schneeschmelze

Die weiße Pracht liegt schon zu lang,

dem Schneemann wird es Angst und bang,

schon tropft es von den Bäumen dort,

schon taut es auch am höchsten Ort.

Die Bäche strömen von den Bergen,

Schneeschmelze lässt sich nicht verbergen,

überall wird's feucht und nass,

das ist nicht immer auch ein Spaß.

Kommt Regen auch noch übers Land,

nimmt all das Wasser überhand,

legt Keller unter Feuchtigkeit,

macht Felder oft zu Teichen weit.

Silberglöckchen

Ach, wie zauberhaft steht dort,

doch das Blümchen an dem Fluss.

S scheint genau der richtge Ort,

an dem das Blümlein wachsen muss.

Die Sonne scheint genau darauf,

ein Tropfen Tau glitzert wie Diamant,

Blümchen wie dieses gibt's zuhauf,

doch dieses hier ist elegant.

So zauberhaft stehts dort vorm Wasser,

Silberglöckchen nenn ich`s nun.

Bei Tage wirkt es etwas blasser,

muss nun wahrscheinlich etwas ruhn.

Sonne auf dem Gesicht

Endlich scheint die warme Sonne,

mir wieder in das Gesicht,

was für eine warme Wonne,

nein hinein geh ich jetzt nicht.

Liege in der Hängematte,

Bienen summen um mein Haupt,

da hilft auch keine Debatte,

daran hast du nie geglaubt.

Nein ich muss jetzt gar nichts tun,

bleib hier liegen und genieße,

lass mich noch ein wenig ruhn,

genieß doch auch die Blumenwiese.

Früh genug kommt Regenwetter,

früh genug rufen Termine,

Frühling ist mein Seelenretter,

holt mich aus meiner Routine.

Sonnenbrille

Die Sonnenbrille im Regal,

hab lang ich nicht gebraucht,

das Wetter ist heut optimal,

ist sie auch angestaubt.

Schnell putz ich sie und geh hinaus,

die Sonne lacht mir ins Gesicht,

wer bleibt denn da noch gern zu Haus,

nein für mich gilt das wirklich nicht.

Ich bummel durch unsere Stadt,

Cafe`s und Läden locken,

von einem Eis bin ich schon satt,

will nur im Park noch hocken.

Ach, schön ist doch der erste Tag,

an dem es warm ist und so hell,

wie gern ich doch den Frühling mag,

vergeht er uns auch viel zu schnell.

Sonnenmalerei

Ich seh die goldnen Sonnenstrahlen,

die Muster auf die Hauswand malen,

spür ihre Wärme, seh ihr Licht,

der Sonne schönstes Angesicht.

Nun endlich weckt sie unsre Glieder,

im Frühling finden wir uns wieder,

erwachen aus dem Winterschlaf,

decken unsren Wärmebedarf.

Die Sonnenstrahlen wecken den Geist,

den uns der Winter starr vereist,

scheint sie uns durch die grünen Zweige,

dort drüben an der kleinen Weide.

Blitzende Lichter malt uns die Sonne,

lässt uns erleben Kraft und Wonne,

malt Feengestalten in den Fluss,

lässt uns spüren des Frühlings Kuss.

Sonnenschein

Mein Herz wird weit,

froh mein Gemüt,

ich bin bereit,

weil`s draußen blüht.

Ich blühe mit den Blumen auf,

rot sind nun meine Wangen,

nehm gerne nun den Tag in Kauf,

muss nicht im Dunkel bangen.

Ach Sonnenschein,

du machst mich froh,

lässt`s Frühling sein,

für Mensch und Floh.

Sonnenstäubchen

Hier drin in meinem dunklen Zimmer,

da wird mein Geist doch manchmal matt,

am Abend wird es immer schlimmer,

da geht nicht immer alles glatt.

Doch morgens, wenn die Sonne lacht,

wenn Sonnengrüße durchs Fenster strahlen,

fliegts Sonnenstäubchen zu mir sacht,

will Elfen mir ins Zimmer malen.

T- Shirt

Frühlingszeit

T- Shirt Zeit.

Jeder ist

nun bereit.

Jeder hat

ein andres an,

das vielleicht

was sagen kann.

Bunte Bilder,

zeigen auf,

vielleicht ist auch,

ein Spruch darauf.

Frühlingszeit

T-Shirt Zeit.

Tulpenarmee

Nur eine Armee lässt mich nicht ängstlich zittern,

lässt nicht mich erstarren voller Furcht.

Nur eine Armee lässt den Frühling mich wittern,

ahnen, dass Winter von dannen schlurft.

Es ist die Armee der Tulpengesichter,

die nun aus allen Beeten sprießen,

in grüner Wiese sind sie bunte Lichter,

lasst sie uns ehren, lasst sie uns gießen.

Vogelgruß

Am Morgen, wenn die Welt erwacht,

singen sie uns zart und sacht,

so melodiös und voller Gefühl,

ganz ohne wichtiges Kalkül,

den Morgengruß, den Weckgesang,

den vogelsüßen Stimmenklang.

Vertreiben damit Schlaf und Traum,

hoch oben, dort im Apfelbaum.

Waldesduft

Nun endlich wird es wieder Zeit,

hinaus in den Wald wollen wir gehen.

Der Winter macht sich nicht mehr breit,

die Frühlingsboten wolln wir sehen.

Den Bärlauch zwischen den Fingern zerreiben,

wolln wir am Duft uns doch berauschen,

an lila Blüten wir hängen bleiben,

und Vogelgesang in den Bäumen lauschen.

Komm lass uns nicht hier drinnen warten,

dort draußen erwacht nun Wald und Flur,

es wimmelt auch in unsrem Garten,

überall herrscht Leben pur.

Wanderzeit

Ist der Winter endlich rum,

hol ich die Wanderschuhe raus,

den Stock dort drüben lang und krumm,

mit dem zieh ich ins Feld hinaus.

Die Schritte tragen mich so weit,

erst abends kehr ich wieder,

vergessen ist schon Heim und Zeit,

ich sing des Frühlings Lieder.

Wärme

Gerade zog die kalte Luft,

mir noch um die Nase.

Schon lockt der warme Frühlingsduft,

verzückt die Blumenvase.

Gerade lag noch Schnee und Eis,

über unsrer Welt.

Gerade war noch alles weiß,

nun Farbe uns gefällt.

Die Wärme zieht nun übers Land,

verwandelt sie geschwind.

Ich nehm dich sanft an meine Hand,

komm raus mit mir, mein Kind.

Warmes Herz

Der Frühling hat mein Herz geweckt,

die Seele mir umarmt,

im Winter wars doch abgespeckt,

tief in mir still verarmt,

Doch nun wärmt mir die Sonne,

das kalte schwache Herz,

in sommerlicher Wonne,

heilt es so manchen Schmerz.

Wehmutsstille

Der Winter hatte seine Längen,

manch Verlust begleitete ihn,

in warmes Gewand mussten wir uns zwängen,

es gab kaum Licht und zu wenig Gewinn.

Nun endlich scheint die Sonne wieder,

die ganze Welt verwandelt sich.

Wir singen wehmutsvolle Lieder,

Winter wir vermissen dich nicht.

Doch manchmal werden wir noch still,

bedenken derer, die gegangen,

die niemand doch vergessen will.

Dennoch hat Frühling angefangen.

Winterkleidung

Die dicke Kleidung muss jetzt raus,

dafür ist nun klein Platz im Haus,

wir räumen sie hoch auf den Speicher,

dann ist es hier im Schrank viel leichter,

die Frühlingsklamotten wieder zu finden,

hierzu muss ich mich nicht überwinden,

der Wollpullover kommt nun fort,

verschwindet versteckt an einem Ort,

den erst im Herbst ich wieder such,

dort liegt dann auch Mütze und Tuch.

Die Handschuhe dürfen dort warten,

die brauch ich nicht im Frühlingsgarten.

Wochenmarkt

Ich schlender über den kleinen Markt,

jeden Freitag ist er auf dem Platz.

Hier gibt es Eier und auch Quark,

hier gibt`s für jeden was.

Bäckerei und Käsestand,

bieten Leckeres an.

Dort drüben gibt es auch Gewand,

ich seh es mir mal an.

Stecklinge für den Garten kaufen,

einmal noch zum Eisstand laufen,

Wochenmarkt im Frühlingstreiben,

schön soll heut das Wetter bleiben.

Wolkenwatte

Wolkenwatte treibt überm Haus,

es sieht doch nicht nach Regen aus.

Dort oben sollen sie noch bleiben,

hinüber gern zum Nachbarn treiben.

Sie bilden lustige Gestalten,

ihr Wasser dürfen sie behalten.

Bald sind sie ein Fisch oder ein Schiff,

mal ein Drachen und mal ein wildes Riff.

Wolkenwatte treibt überm Haus,

sieht schon wie ein Vogel aus,

fliegt langsam nun davon,

ach je, ich vermiss sie schon.

Zauberlicht

Ein kleines Licht wandert durchs Fenster,

erhellt das Prisma, das dort hängt,

bewegt sich wie ein kleiner Tänzer,

während es sich durch das Glas dort zwängt.

Dann findet die Verwandlung statt,

es spaltet sich in hundert Lichter,

nichts im Raum bleibt nun mehr matt,

ich seh nun leuchtende Gesichter,

die in tausend Farben lächeln

und fröhlich durch das Zimmer ziehn,

des Abends sie dann wieder schwächeln,

und hinaus in das Dunkel fliehn.

Sommermomente

Für alle federleichten Seelen,

die die Freiheit des Sommers lieben.

Abkühlung

Die Hitze wird mir doch zu viel,

ein Eis wäre jetzt schön kühl,

oder vielleicht ein Sprung ins Nass,

ja, bestimmt, das wär doch was.

Irgendwas muss ich jetzt tun,

kann nicht mehr in der Hitze ruhn.

Wenn Schweiß vom Körper rinnt,

ne kalte Dusche doch gewinnt.

Dann zwäng ich mich noch in mein Kleid,

bin all die Klamotten leid,

auch die dünnsten sind zu heiß,

schon wieder stehe ich im Schweiß.

Ich hol ein Eis, setze mich,

fühl mich ach so widerlich.

Die Hitze verwirrt mir schon den Geist,

der Sommer ist mir doch zu dreist.

Am Meer

Am Meer, da gibt es viel zu sehen,

Hüte die durch die Lüfte wehen,

Haut zu lang gebraten,

Füße die durch Wellen waten.

Da drüben gibt es einen Stand,

für Tücher und noch andren Tand,

ein Eis kann man auch kaufen,

muss nur zum Kiosk laufen.

Die Kinder buddeln immer tiefer,

der Opa mahlt mit seinem Kiefer,

die Eltern schwitzen unterm Schirm,

der Schweiß perlt schon von ihrer Stirn.

Ach, was man alles sieht,

vor was man täglich flieht,

im Urlaub ist`s doch wie daheim,

wird nirgends anders sein.

Badefreuden

Der Sommer lockt uns aus dem Haus,

hin zum kühlen Wasser,

endlich treibt es uns hinaus,

die Haut wird nicht mehr blasser.

Die Sonnenstrahlen wärmen uns,

der See strahlt blau uns an,

das zu genießen ist die Kunst,

loslassen dann und wann.

Badehose

Schnell die Badetasche her,

sammel alles ein.

Viel brauche ich nicht mehr,

will heut müßig sein.

Nur die Badehose fehlt,

wo ist sie geblieben?

Ist sie beim Besuch am Meer,

letztens abgetrieben?

Und wo ist denn ihr Ersatz?

Kann sie gar nicht finden.

Ach, da ist sie ja mein Schatz,

wie konnte die verschwinden?

Baggersee

Ich treff dich heut am Baggersee,

dort vor den blauen Bergen,

dort wächst schon Löwenzahn und Klee,

manchmal auch scharfe Scherben,

drum zieh die Badeschuhe an,

lass nicht die Matte liegen,

die brauchen wir doch dann und wann,

wolln in der Sonne liegen.

Bald

Bald werden die Tage schon länger,

der Sommer schleicht sich an.

Holt schon die Mückenfänger,

und die Sonnencreme dann.

Für lange Hosen wird`s zu heiß,

wir schwitzen jeden Tag.

Das ist nun mal des Sommers Preis,

gelobt sei der der es mag.

Barfuß

Die Füße aus den Schuhen gepellt,

sie sind so blass und auch verdellt,

die Socken ausgezogen,

haben`s Gefühl betrogen.

Steck meine Füße in den Sand,

bin grad schon durch das Gras gerannt,

nun endlich fühl ich wieder voll,

ach, barfuß laufen ist so toll.

Bienen

Bienentanz vor meiner Nase,

ich sie gerne tanzen lasse,

schaue ihnen staunend zu,

brauch vor ihnen keine Ruh,

nein ihr Summen ist so schön,

fliegen hoch in luftge Höhn.

Tanzen dort den alten Reigen,

wollen zu den Wolken steigen.

Kommen dann zu mir zurück,

ja, das ist das Bienenglück.

Bienenrettung

Nein, da hinten auf dem Wasser

seh ich etwas zappeln,

mein Gesicht wird blass und blasser,

muss mich schnell aufrappeln,

ein Bienchen strampelt um sein Leben,

ich brauch ein Blatt ums rauszuholen,

das Tierchen muss jetzt alles geben,

dann wird es sich erholen.

Erschöpft liegt es im Sonnenschein,

wärmt sich und pumpt sich auf,

doch bald wird's wieder lustig sein,

fliegt in den Himmel rauf.

Bikini

Da gibt's doch ein bekanntes Lied,

dass manche heut noch singen,

da stehen sie in Reih und Glied,

wolln mit Diät noch ringen.

Bikinizeit soll wieder sein,

die Sonne kündigts an,

da quetschen wir uns wieder rein,

das lobt sich jeder Mann.

Doch weißt du, was du wissen musst,

was klarmachen du solltest?

Zieh einfach an, was du gern willst,

ob Frau oder auch Mann,

wenn Hunger du mit Schoko stillst,

das darf man dann und wann.

Blitzlichtgewitter

Draußen zuckt es immer wieder,

aus des Himmels Zelt hernieder,

Lichter voller Energie,

treffen dürfen sie dich nie.

Pure Gewalt der Natur,

hallt durch Haus und Flur,

niemand traut sich mehr hinaus,

doch wunderbar sieht es aus.

Licht und Dunkel wechseln sich ab,

Regen prasselt schon herab.

Heulend kommt der Wind dazu,

der Wettergott gibt keine Ruh.

Blumenkopf

Blumenkopf, Blumentopf,

Blumenköpfchen, Regentröpfchen,

Sonnenschein, begeistert sein,

Sommerglück, kommt nie zurück.

Brennnesseln

Brennnesseln, die magst du nicht,

fasst sie auch nicht an.

Siehst nur Dunkel, nicht ihr Licht,

zweifelst gar daran.

Doch Schmetterlingen geben sie

Nahrung und auch Heim,

schenken ihnen Energie,

wollen Heimat sein.

Bullenhitze

Bullenhitze, warum heißt das so?

Ist doch auch heiß für Maus und Flo,

ja auch die Schweine dort im Garten,

können nur noch auf Regen warten.

Die Hühner scharren dort im Staub,

sehnen sich nach kühlem Laub,

nein, nicht nur die Bullen allein,

wollen nun im Kühlen sein.

Butterblumen

Butterblumen, dort am See

wachsen zwischen grünem Klee,

gelbe Kleckse auf grünem Grund,

wären schön in einem Bund.

Doch ich lass sie lieber stehen,

sterben will ich sie nicht sehen,

wunderschön sehen sie hier aus,

reiße sie lieber nicht heraus.

Campingplatz

Du wolltest raus zum Campingplatz,

Urlaub für uns zwei.

Du sagtest, das wird schön mein Schatz,

dass es entspannend sei.

Doch nun koch ich hier vor dem Zelt,

und du liegst faul herum.

Ist wohl entspannend in deiner Welt,

für mich ists einfach dumm.

Ich wäre gern in dem Hotel,

vom letzten Jahr am Strand.

Da gings ins Restaurant so schnell,

wir liefen Hand in Hand.

Da musste ich nicht sauber machen,

nicht kochen für uns zwei.

Was machst du nur für Urlaubssachen,

ich hätte gerne frei.

Doch morgen da kochst du einmal

und spülen darfst du auch.

Vielleicht siehst du das Ideal,

stehst nicht mehr auf dem Schlauch.

Nein, Campen geh ich nicht nochmal,

das kannst du alleine machen.

Da lass ich dir auch keine Wahl,

seh im Hotel mich lachen.

Der Grillen Gesang

Wenn man des Abends draußen sitzt,

erklingt das laute Singen.

Ein jeder seine Ohren spitzt,

bald wird es schon erklingen.

Zirpen erfüllt die ganze Luft,

die Gedanken werden still,

wenn das Lied der Grillen ruft,

innere Ruhe ich doch will.

Eiscreme

Eiscreme, so ein schönes Wort,

trägt schon unsre Träume fort.

Geschmacksknospen genießen schon,

der Hitze schönsten Sommerlohn.

Dort drüben holen wir es schnell,

die Sonne leuchtet heiß und grell,

schon schmilzt das Eis in unsrer Hand,

eh auf die Zunge es gelangt.

Eisdiele

Die Sonne lacht am blauen Himmel,

die Vögel zwitschern laut,

da brummen Bienen im Gewimmel,

da brutzelt schon die Haut.

Die Eisdiele ist unser Ziel,

wir wollen glücklich schlemmen,

der Sorten gibt es wieder viel,

das muss man erst mal stemmen.

Wie viele Kugeln solln es sein?

Schoko, Nuss und Vanille,

Pistazie muss da auch noch rein,

zu schwach ist doch mein Wille.

Eisttee

Lass uns mitten im Hitzeloch,

Tee kochen, da lachst du noch.

Doch noch verstehst du nicht mein Sinnen,

kannst den Sinn noch nicht bestimmen.

Später, wenn er abgekühlt ist,

längst die Hitze schon vermisst,

genießen wir ihn mit Eis im Garten,

musst noch ein wenig darauf warten.

Eiswürfel

Schnell was Kühles eingeschenkt,

Eiswürfel darin versenkt,

die klirren so schön in meinem Glas,

verheißen Kälte mir und Spaß.

Geschmolzen sind sie viel zu schnell,

die Sonne scheint zu heiß und grell,

schnell neue Würfel eingefüllt,

die Zunge in kaltes Nass gehüllt.

Ferienzeit

Ferien, endlich so weit,

endlich hab ich wieder Zeit.

Niemand muss mehr schnell zum Bus,

mit der Eile ist nun Schluss.

Schlaf so lange wie ich will,

der Wecker bleibt endlich mal still.

Wir stehen auf zum Mittagessen,

Hausarbeit kannst du vergessen.

Dann und wann auch was erleben,

ach, was kann es Schönres geben.

Flieder

Wieder blüht der süße Flieder,

schenkt mir neu Erinnerung,

denke an dich mal wieder,

schenkst mir neu Besinnung.

Lang schon bist du nicht mehr hier,

begleitest mich bis heut,

manches Bild ich nie verlier,

habs auch nie bereut.

Wenn ich heut den Flieder seh,

bist du mir so nah,

geh spazieren, dort am See,

wo ich dich einst sah.

Flipflops

Flipflops bunt und winzig klein,

jeder Fuß zwängt sich hinein,

doch ich kann sie gar nicht leiden,

will mich nicht in Flipflops kleiden.

Sie schmerzen mich am großen Zeh,

ich kann nicht laufen ach, oh weh.

Brauch richtige Sandalen,

kann gern dafür bezahlen.

Für Christina

Gerade haben die Wellen deine Knöchel umspielt,

deine Hände im warmen Sand gewühlt.

Nun bist du zu Hause angekommen,

hier hat der Herbstwind zugenommen.

Das Fernweh packt dich mit voller Wucht,

du sehnst dich nach der Meeresbucht.

Die Sommerbräune nimmt schon ab,

Termine halten dich auf Trab.

Doch manchmal träumst du dich ans Meer.

Dann schmerzt es dich nicht mehr so sehr.

Gartenparty

Wir feiern heut ne Party,

komm rüber in den Garten,

der Kuchen lockt mit Smartie,

Getränke auch schon warten.

Auf dem Grill brutzelt es heiß,

Salate stehen bereit,

Musik spielt nur leis,

wir sind alle so weit.

Schon hallt das Lachen durch die Luft,

hört man bekannte Stimmen,

den Appetit bringt sanfter Duft,

seh unser Feuer glimmen.

Komm rüber jetzt, alle sind da.

Wir warten noch auf dich.

Heut Abend wird es wunderbar

und heiter sicherlich.

Glühwürmchen

Glühwürmchen in der Sommernacht,

haben ein Lichtlein angemacht,

sie leuchten mir den Weg,

was für ein Privileg.

Glühwürmchen zur Abendstunde,

schicken Lichtlein in die Runde,

verteilen hellen Sternenschimmer,

wunderbaren Sommerglimmer.

Glühwürmchen vorm Sternenhimmel,

wundersames Lichtgewimmel,

lassen unsre Träume sprießen,

uns die Sommernacht genießen.

Grillfest

Grillfest bei den Nachbarn,

ich bin eingeladen,

hab zufällig davon erfahrn,

wollt eigentlich doch baden.

Viel zu heiß brutzelt meine Stirn,

der Sonnenschein kocht mein Gehirn,

die Würste braten auf dem Grill,

das Wasser bleibt heut lieber still.

Schon hab ich eine Wurst vorm Mund,

das ist mir viel zu ungesund.

Ich sagte doch, ich ess kein Fleisch,

da hör ich schreckliches Gekreisch.

„Vegetarisch grillen geht nicht!",

schreit ein wütendes Gesicht.

Beim nächsten mal bleib ich zu Haus,

oder fahr zum See hinaus.

Hitzefrei Erinnerung

Als Kind, da hatte ich hitzefrei,

ach, wie war das schön.

Bei meinem Sohn ists einerlei,

soll auch bei Hitze gehn.

Im Klassenzimmer soll er sitzen,

bei dreißig Grad im Schatten,

im eignen Saft muss er dort schwitzen,

im Sommerofen braten.

Warum wurde das hitzefrei,

denn nur abgeschafft,

das Gehirn ist doch nur Brei,

warum das keiner rafft?

Hitzefrei

Hitzefrei gibt es nicht mehr,

ach, das ist schon lange her.

Heutge Kinder müssen braten

und auf kühlre Zeiten warten.

Nein, nach Hause dürft ihr nicht,

erst wenn das Thermometer bricht.

Hornissenbau

Hornissenbau, dort am Balkon,

allein schon lange ich nicht wohn,

sie brummen dort so laut umher,

doch ich mich nicht dagegen wehr.

Nützlich ist die Hornissenschar,

stellt eine Schutzbarriere dar,

die andre Schädlinge draußen hält,

Bodyguards der Insektenwelt.

Im Hotel

Ich schließe leis die Türe auf,

die Koffer zieh ich rein,

stell sie auf den Tisch hinauf,

leg mich ins Bett hinein.

Alles duftet frisch und neu,

hör draußen schon das Meer,

die Reise ich wohl nicht bereu,

gefällt mir jetzt schon sehr.

Am Morgen lass ich mich gern wecken,

zieh mich dann erst mal an,

dann lass ich mir das Frühstück schmecken,

bevor ich ans Meer gehen kann.

Ach wie schön ist`s im Hotel,

langsam geht's hier, nicht so schnell,

kann mich einfach mal entspannen,

wenn ich will auch gar nichts planen.

Inselzeit

Dort drüben im Meer,

wächst grün die Palmenwucht,

schon seh ich die Insel,

ihre beschauliche Bucht.

Bald landet das Boot,

hier wollen wir stranden,

wollen ohne Not,

im Paradies landen.

Johannisbeeren

Sie hängen rot und rund

auf dunkelgrünem Grund.

Die Sonne sich in ihnen bricht,

zaubert rotes Beerenlicht.

Liegen sauer auf der Zunge,

pflücke sie in einem Schwunge,

Beerensaft soll es heut sein,

tauch ins saure Wunder ein.

Als Schorle schmeckt es auch sehr gut,

das erfrischt dir Herz und Blut.

Johannisbeeren sind gesund,

steck sie doch in deinen Mund.

Kleeblattglück

Auf der grünen Wiese,

da wächst ein kleiner Schatz,

er ist wirklich kein Riese,

braucht auch nicht viel Platz.

Vier Blätter zieren ihn,

zeigen seinen Wert,

wir sehen Glück darin,

dass jeder gern erfährt.

Drum wenn du mal eins siehst,

dann nimm es doch nicht mit,

lass es dort wo es sprießt,

das wär der richtge Schritt.

Vielleicht ist dann das Glück

uns allen doch beschert,

sonst gibt es kein zurück

und Glück bleibt uns verwehrt.

Krebsrot

Wieder kommst du spät nach Haus,

warst mit den andren baden,

hör dich jammern schon von draus,

hör dich schrein und klagen.

Ach, was ist denn nur geschehen?

Bist du schlimm verletzt?

Hab bisher noch nichts geschehen,

der Bruder dich verpetzt.

„Eingecremt hat er sich nicht,

jetzt ist er total verbrannt."

So ein unvernüftger Wicht,

hab dich davor gewarnt.

Kühltasche

Reich befüllt, stetig kühl,

ach, das Wetter ist so schwül,

pack die große Tasche ein,

Badetag muss heute sein.

Die Kinder wollen was zu knabbern,

ich werd wohl überm Softdrink sabbern.

Ein bisschen Obst, etwas Salat,

jeder in der Tasche hat.

Am Ende jedoch bleibt es liegen,

die Schwimmbadpommes werden siegen.

Die Kühltasche so reich bepackt,

die macht uns alle niemals satt.

Libellenzauber

Drüben am Teich wart ich nicht lange,

seh eine kleine grüne Schlange,

seh ein paar Enten und einen Schwan,

schon nähern sich die Libellen dann.

Schillernd bezaubern sie mein Auge,

zierliche Feen ich zu sehen glaube.

Sie tanzen überm Wasserspiegel,

kaum sichtbar sind die zarten Flügel.

Libellenzauber befällt mein Sein,

alle Sorgen werden klein.

Vergessen ist das Alltagsleben,

Naturschauspiel hat viel zu geben.

Liegestuhl

Lieblingsstelle,

Liegestuhl,

Wasserwelle,

Gartenpfuhl,

Sonnenschirm,

Eis am Stiel,

warme Stirn,

Sonnenspiel.

Melone

Zur Sommerszeit da lacht so schön,

die Melone rund und grün.

Schneide sie direkt entzwei,

die Spritzer sind mir einerlei,

wir wollen nun Melone essen,

die Gabel kannst du schön vergessen,

der Saft läuft uns das Kinn herab,

saftig ist sie nicht zu knapp.

Lecker schmeckt das rote Fleisch,

man zahlt dafür nen kleinen Preis.

Was gibt's Besseres zur Sommerszeit?

Melone her, es ist so weit.

Minigolf

Heute geht die ganze Bande

zum Minigolf am See,

Mama steht noch am Rande,

während Papa ich zuseh.

Die Schwester schafft das erste Loch,

und führt auch schon Buch.

Die Mama sucht den Schläger noch,

und auch ihr gelbes Tuch.

Der Papa kennt die Regeln gut,

will auch nach ihnen spielen,

doch Sohnemann hat großen Mut,

will anderswo hinzielen.

So geht das nicht, ruft Papa gleich,

die Mama ist verdutzt,

die Tochter wird erschrocken bleich,

und sich die Nase putzt.

Des Papas Herz erweicht gar sehr,

na gut, dann spiel doch so.

Das freut des Söhnchens Herz noch mehr,

alle sind wieder froh.

Mohnblumen

So wunderschön leuchtest du,

aus der Ferne schon.

Des Nachts gehst du zur stillen Ruh,

morgens wartet der Lohn.

Die rote Blüte wird entblättert,

die Pollen rausgeholt.

Ich hoff du wirst nicht angewettert,

vom Hagel nicht versohlt.

So zart sind deine Blütenblätter,

dein Stängel lang und dünn.

Ich wünsche dir kein Regenwetter,

nur Sonne warm und kühn.

Mückenplage

Dieses Jahr kann man den See,

gar nicht so sehr genießen,

Mücken ich hier überall seh,

sie wohl zu gut sprießen.

Konnten sich extrem vermehren,

ich kann sie nicht leiden,

will ihnen mein Blut verwehren,

dürfen von mir scheiden.

Lieber bleib ich da zu Haus,

in meinem grünen Garten,

doch oh nein, welch ein Graus,

auch hier schon Mücken warten.

Muscheln sammeln

Muscheln sammeln dort im Sand,

hier am menschenleeren Strand,

zur Morgenzeit in aller Früh,

in späterer Hitze ich verglüh.

Doch kühl noch ist es nun,

es bleibt nicht viel zu tun.

Genieß die Ruhe hier am Meer,

bald werden`s der Touristen mehr,

dann bleib ich im Hotel allein,

mag nicht unter Menschen sein.

Nichts tun.

Heute mache ich mal nichts.

Das darf auch mal sein.

Steht Unglauben dir im Gesicht,

lass ich mich nicht drauf ein.

Nein ich gehe heut nicht bummeln,

auch nicht ins Cafe`.

Will dabei auch gar nicht schummeln,

keinen Grund ich seh.

Ach, ich bleib hier einfach liegen,

draußen unterm Schattenbaum.

Kann im Geist gen Himmel fliegen,

träum mir meinen eignen Traum.

Obstsalat

Die Schüssel ist bereitgestellt,

Früchte liegen auf dem Tisch,

die bunte Vielfalt mir gefällt,

duftet auch so frisch.

Was hab ich da für den Salat?

Apfel, Birne, Mandarinen,

liegen schon vor mir parat,

kann mich daran bedienen.

Ein paar Nüsschen noch dazu?

Und Zitronensaft!

Honig süßt die Speis im Nu,

ja, das gibt uns Kraft.

Picknick

Picknick unterm Schattenbaum

zur kühlen Abendstund.

Fühl mich wie im Sommertraum,

häng an deinem Mund.

Hör nur zu, was du erzählst,

stell mir andres vor.

Während du noch Worte wählst,

flüster ich in dein Ohr.

Platzregen

Gerade noch war alles trocken,

nun fällt der Himmel uns aufs Dach.

Die Tropfen fallen wie nasse Brocken,

was machen die für einen Krach.

Es prasselt auf das Haus hernieder,

ein Glück, das ich nicht draußen bin,

ein Vogel plustert das nasse Gefieder,

versteckt sich aber immerhin.

Die Scheune bietet Schutz ihm schnell,

wie ich schaut er hinaus,

da hinten wird es wieder hell,

bald können wir hinaus.

Pusteblume

Ich denk an einen Sommertag,

an den ich mich erinnern mag.

Es war so leicht, so unbesorgt,

die Freiheit war nur ausgeborgt.

Die Pusteblume ließ die Samen,

die aus ihrem Inneren kamen,

fliegen und durch die Lüfte segeln,

es gab keine Termine und keine Regeln.

Es war ein einzelner Sommertag,

an den ich so gern denken mag.

Rapsfelder

Gelbe Quadrate zieren die Welt,

neben jedem andrem Feld,

malen Farbe auf die Hügel,

über ihnen schwarze Flügel.

Raben suchen dort nach Futter,

hinten ruft des Bauern Mutter,

will die Tiere hier nicht sehen,

dürfen gern nach Hause gehen.

Rapsfelder auf grünem Grund,

bilden schon den neuen Bund,

für die Erntehelfer dort,

kommen oft von fernem Ort.

Bald schon sind die Felder weg,

übrig bleibt ein brauner Fleck.

Regenbogen

Wenn die ersten Regentropfen

auf die heißen Dächer klopfen,

Nebel sich überm Haus erhebt,

die Sonne dennoch überlebt,

dann wart ich auf die Farbenpracht,

erhebt sich schon am Himmel sacht,

zieht einen Bogen über die Welt,

malt Fröhlichkeit ans Himmelszelt.

Komm lass uns in den Farben tanzen,

lass bunte Blumen uns dort pflanzen,

wo der Regenbogen endet,

dort wo seine Form sich wendet.

Regenwurm

Regenwurm du kleines Tier,

ist dir nicht zu heiß?

Keine Wiese gibt es hier,

die Abkühlung verheißt.

Soll ich dir wohl Hilfe bieten?

Willst du schneller reisen?

Kannst doch zum Transport mich mieten,

kann Ehre dir erweisen.

Komm ich nehm dich auf die Hand,

bring dich in Sicherheit,

trag dich übers trockne Land,

die Vogelschar steht schon bereit.

Schnell grab dich in die Erde ein,

die Meise sieht dich hungrig an.

Es soll noch nicht dein Ende sein,

nein, heute fängt dein Leben an.

Rose

Der Verliebten liebste Blume,

bist so zart doch anzusehen,

Lieder singen dir zum Ruhme,

lassen Bühne dir entstehen.

Doch du hast auch deine Dornen,

schützen dich vor grober Hand,

willst der Liebend Herz anspornen,

tröstest sie im ganzen Land.

Sandburg bauen

Mal wieder eine Sandburg bauen,

wie in Kindertagen,

mal wieder in die Wolken schauen,

Träume nochmals wagen.

Zu alt ist man dafür doch nie,

zu weise nicht geworden.

Sing doch die alte Melodie,

bist lang noch nicht gestorben.

Sandburg

Sitze dort im heißen Sand,

dem Meer den Rücken zugewandt.

Ein Eimer Wasser für den Halt,

schon bekommt der Sand Gestalt.

Dort ein Türmchen, hier ein Tor,

noch ein schöner Teich davor.

Hoch hinauf die Mauern steigen,

komm lass dir meine Träume zeigen.

Schattenplatz

Ich seh dich in der Sonne braten,

im Liegestuhl in deinem Garten.

Mir wird die Hitze schnell zu viel,

am liebsten mag ich es doch kühl.

Ich such mir einen Schattenplatz,

leb deinen ärgsten Gegensatz.

Hier spür ich einen kühlen Wind,

gesünder ist das auch, mein Kind.

Ach, komm doch aus der Sonne raus,

geh lieber rein ins kühle Haus,

oder setz dich untern Baum,

es ist so grausam anzuschaun,

wie deine Haut du malträtierst.

Mit Bräune du dich gerne zierst,

doch gesund ist das doch keineswegs,

mein Liebes, davon bekommt man Krebs.

Schaukelgedicht

Schaukel im Garten,

musst nicht lange warten,

ich komm schon gerannt,

bin schon gespannt,

wie hoch du mich trägst,

ob du mein Denken prägst,

ein Lachen mir schenkst,

während du am Baum hängst.

Ich setz mich auf dich,

es ist wunderlich,

die Sorgen verfliegen,

darf mich auf dir wiegen.

Schneckenplage

Draußen im Garten wohnen Wesen,

die so gern Gemüse essen,

Blumen lieben sie als Speise,

nein, es ist doch nicht die Meise.

Klein sind sie und ach so schleimig,

wandern stetig, doch nie eilig,

fahren ihre Fühler aus,

wohnen doch im eignen Haus.

Lass die Schnecken, Schnecken sein,

wollen auch am Leben sein.

Essen sie auch mein Gemüse,

gönn ich ihnen die Genüsse.

Schweißbäche

Über das Gebiet der Haut,

wandern salzge Bäche,

kühlen Seelen, der Sommer graut,

zeigt doch ihre Schwäche.

Rotes Haupt und schwaches Ächzen,

zeigt ihr körperliches Sinnen,

wenn sie unter Hitze krächzen,

nur am Abend Land gewinnen.

Ja, die so gequälten Seelen,

die den Sommer niemals lieben,

die sich durch die Hitze quälen,

schwitzen manchmal übertrieben.

Seegeflüster

Die Wellen flüstern leise mir,

singen mir stille Lieder,

schon lange war ich nicht mehr hier,

erinner mich nun wieder.

An dein Gesicht im Sommerwind,

an deine liebe Stimme.

Die Wehmut in mir schon beginnt,

hab dich in meinem Sinne.

Alte Zeiten, lang vergangen,

ziehen vor meinen Augen vorbei,

bin in Vergangenheit gefangen,

fühle mich nicht mehr frei.

Hab lange nicht an dich gedacht,

wär besser dabei geblieben.

Hab viel zu oft mit dir gelacht,

wollte dich immer lieben.

Softeis

Sehnsucht aus kühlem Schaum,

cremig weicher Sommertraum,

auf der Zunge schmelzend fein,

ja, ein Eis darfs heute sein.

Sommerabend

Sommerabend in der Stadt,

die Hitze macht den Geist so matt,

schweigend sitzen wir vorm Haus,

trauen uns jetzt wieder raus.

Der Tag war heiß, nun lässt es nach,

die Straße liegt nicht länger brach.

Aus allen Türen kommen nun,

die Nachbarn und haben was zu tun.

Da wird noch schnell was eingekauft,

mal sehen, was man alles braucht.

Der Vorgarten wird noch gegossen,

die kühle Luft zu zweit genossen.

Sommerabend lädt uns ein,

gemeinsam ganz entspannt zu sein.

Sommerbrise

Hitze staut sich überm Feld,

keuchend schwitzt die ganze Welt,

sehn den kühlen Wind herbei,

ich will endlich Hitzefrei.

Sommerbrise, komm doch bald,

kühle uns nun Haus und Wald,

streife unsre heiße Haut,

bist des Sommers liebste Braut.

Sommerferien

Wie schön war doch die Kinderzeit,

lang liegt sie schon zurück,

am Ende des Sommers war es soweit,

es lachte das große Glück.

Sechs Wochen hatten wir da frei,

sechs Wochen keine Pläne,

die Schule war uns einerlei,

wir weinten keine Träne.

So lang erschien uns doch die Zeit,

das Ende lag in weiter Ferne,

es war scheinbar eine Ewigkeit,

weit weg wie helle Sterne.

Sommerflaute

Überall ist es jetzt so still,

niemand mehr ins Netz gehen will.

Wo sind denn die Menschen? Was machen sie nun?

Tja, im wahren Leben gibt es viel zu tun.

Da lockt doch das Wasser, da isst man ein Eis,

Festivals genießen, ist es nicht zu heiß,

da fährt man in Urlaub, da liebt man das Leben,

muss nicht immerzu nur am Handy kleben.

Sommerfreude

Tauch ein ins kühle Nass,

spür schon die Erfrischung,

Tropfen auf deinem Glas,

spür selige Erleichterung.

Schon lässt die Hitze in mir nach,

schon fühl ich mich so leicht,

freudig ich dir entgegenlach,

pass auf, das Wasser ist hier seicht.

Sommergarten

Der Mohn blüht rot zwischen kleinen

Blümchen, die zu leuchten scheinen.

Das Gras wogt hoch auf der Wiese

so gern ich es auch wachsen ließe.

Doch hin und wieder muss ich mähen,

kann sonst nicht mehr zum Nachbarn spähen.

Wie bunt ist doch der Sommergarten,

muss auf die Vögel nicht lang warten,

sie singen mir ein Morgenlied,

Schmetterlinge man auch sieht,

die flatternd Blumen unsicher machen,

fast ist mir, als hört ich ihr Lachen.

Sommergewitter

Dunkle Wolken ziehen auf,

schon fallen die ersten Tropfen,

das Wetter nimmt nun seinen Lauf,

hör`s Nass ans Fenster klopfen.

Da dröhnt der Donner durch das Haus,

der Blitz lässt nicht lang warten,

ich steck lieber die Geräte aus,

geh nicht mehr in den Garten.

So laut und wild ziehts übers Dach,

taghell wird schon die Nacht,

was ist das für ein übler Krach,

den heut das Wetter macht.

Sommerglanz

Ein goldener Glanz liegt über der Welt,

überzieht Wiese, Wald und Feld,

lässt den Himmel näher kommen,

schenkt uns warme Sommerwonnen.

Die Sonne scheint so nah zu sein,

hüllt uns mit ihrer Hitze ein,

golden wogt der Weizen im Wind,

es ist noch Zeit, ehe der Herbst beginnt.

Sommerhauch

Der Frühling ist noch nicht vorbei,

der Winter lang schon einerlei,

schon spür ich leis den Sommerhauch,

den ich jetzt so dringend brauch.

Schenk Wärme mir, oh Sommerzeit,

wann ist es denn endlich so weit,

wann kann ich wieder draußen leben,

muss nicht im Haus mehr drinnen kleben.

Ein Sommerwind umweht mich sacht,

seh schon des Sommers ganze Pracht,

vor meinem Geist in meinem Herz,

vergessen ist des Winters Schmerz.

Sommerhut

Heute scheint die Sonne heiß,

schickt die Strahlen voller Fleiß,

mein Kopf brennt schon von ihrer Hitze,

wenn ich am schönen Strand hier sitze.

Drum brauch ich einen Sommerhut,

er hilft mir gegen Sommerglut,

er spendet Schatten, kühlt mich schnell,

gibt Dunkel, ist es noch so hell.

Sommerkleid

Nur ein einziges Stück zieh ich mir über,

da muss auch kein Jäckchen drüber.

Keine Hose und kein Shirt,

nichts, das auf der Haut mich stört.

Nur das Sommerkleid darfs sein,

aus kühlem Stoff, so zart und fein,

streif es über, fühl mich gut,

brauch nur noch nen Sommerhut.

Sommerregen

Grade noch strahlte die Sonne,

schon ziehn dunkle Wolken auf,

bringen die ersehnte Wonne,

Wetterzauber nimmt seinen Lauf.

Erste Tropfen fallen nieder,

treffen auf heißen Asphalt,

riech bekannte Düfte wieder,

Regen ändert des Sommers Gestalt.

Dämpfe steigen von den Dächern,

Regen prallt auf mein Gesicht,

Sommerhall klingt heute blechern,

nein, hinein geh ich noch nicht.

Sommersterne

Die Sterne leuchten heut so hell,

beglücken meine Seele,

glitzern aber nicht zu grell,

ich ihnen still erzähle,

was mir auf dem Herzen liegt,

was mich zutiefst belastet,

es hoch dann zu den Sternen fliegt,

hab mich dadurch entlastet.

Sommerwärme

Die Grashalme beugen sich,

tanzen im Sommerwind,

beschienen von goldnem Licht,

der Sonne jüngstes Kind.

Genieß die Zeit der Fülle,

genieß die warmen Strahlen,

du brauchst nun keine Hülle,

musst nicht für Wärme zahlen.

Sommerwehmut

Sommer legt sich auf mein Herz,

spüre diesen leichten Schmerz,

wenn die Wehmut schleichend naht,

lauernd steht sie schon parat.

Schickt Gedanken mir von Stille,

von Vergänglichkeit und Wille,

von Vergangenem und Not,

von Vergesslichkeit und Tod.

Sonnenbrand

So wohltuend spendet die Sonne,

mir warme, helle Sommerwonne,

ich darf sie nicht zu lang genießen,

sonst wird die rote Hölle sprießen.

Schon brennt die Haut, so rot und heiß,

war unachtsam, zahl nun den Preis.

Da schält sich die Haut, da fliegen die Fetzen,

muss quälend mich am Laken wetzen.

Sonnencreme

Benutz doch mal die Sonnencreme,

du wirst schon ganz rot,

am Ende gibt es noch Probleme,

für dich mit großer Not.

Krank soll deine Haut nicht werden,

creme dich doch ein.

Du willst dich doch nicht gefährden,

dumm willst du nicht sein.

Sonnenhoheit

Sonnenhoheit, dort am Himmelszelt,

vor dir verneigt sich die ganze Welt,

bist Leben und doch auch der Tod,

bringst Segen uns und Hungersnot.

Sonnenball, leuchtest dort oben,

wollen deine Schönheit loben,

sehen dich brennen, sehen dich glühen,

danken dir für deine Mühen.

Sonnenhut

Ich kauf mir einen Sonnenhut,

bin sicher, er steht mir gut.

Schützt mich vor heißen Strahlen,

die rot die Haut mir malen.

Ich kaufe mir ein Sommerkleid,

es fällt so locker und ist weit,

soll mit dem Wind mich kühlen,

will zarten Stoff nur fühlen.

Ne Sonnenbrille brauch ich auch,

jetzt geht er los, der Sommerkauf.

Deck mich mit allem ein,

das muss im Sommer sein.

Sonnenschirm

Hier unterm Sonnenschirm,

bin ich gut beschattet,

mein armes Hirn,

ist schon ermattet,

unter der Sonne,

brennend und heiß,

ist keine Wonne,

fördert nur Schweiß.

Hier hab ich`s kühler,

wenn auch nur wenig,

wird es noch schwüler,

bin ich erledigt.

Sonnenstich

Den ganzen Tag warst du am See,

du liebst das leichte Leben.

Jetzt ist dir schwindlig, wie ich seh,

ich kann dir Wasser geben.

Da wird dir schlecht, du gehst ins Bad,

vielleicht war es zu viel

Hitze doch an einem Tag,

ich hab so das Gefühl.

Spätsommer

Der Sommer wird schon alt und grau,

sehnt sich nach einer lieben Frau,

die Herbstwind ihm ins Bette legt,

und seine alten Wunden pflegt.

Der Sommer ist schon bald vorbei,

verabschiedet sich nebenbei,

liegt in den letzten Zügen,

muss sich ins Schicksal fügen.

Sternschnuppe

Sternschnuppe in lauer Sommernacht,

hab so oft an ihn gedacht,

ich wünsche mir ihn bald zu sehen,

will an seiner Seite gehen.

Sternschnuppe am Himmelszelt,

ich wünsche mich in seine Welt,

will gern am Herz ihm liegen,

mich nicht dafür verbiegen.

Sternschnuppe, erfülle mir,

alle meine Träume hier.

Wünsch die Liebe mir herbei,

er bald an meiner Seite sei.

Strohhut

Ich schenk dir einen Strohhut,

trag ihn am schönen Strand,

an dem ich dank dir Mut

und meine Liebe fand.

Swimmingpool

Mein Nachbar hat nen Swimmingpool,

den finden alle Kinder cool.

Sie fragen, ob den Sohnemann,

man wieder mal besuchen kann.

Die Tochter ist auch sehr beliebt,

weil sie gern mal n Eis ausgibt.

Ich kucke rüber übern Zaun,

das ist so lustig anzuschaun,

da tummelt sich die Nachbarschaft,

ins Schwimmbad hat sie`s nicht geschafft.

Ich wünsch ihnen viel Spaß

und leg mich lieber ins Gras.

Taucherbrille

Seltsam sieht das Ding schon aus,

keiner trägt es gerne,

lass es dennoch nicht zu Haus,

fahr ich in die Ferne.

Es schenkt mir die Möglichkeit,

andre Welten zu erkunden,

schnorchelnd eine kleine Zeit,

die Ufer zu umrunden.

Treibholz

Der Fluss hat Schätze uns gebracht,

ich halte sie und dreh sie sacht.

Das Holz ist glatt und hell geschliffen,

der Fluss hatte es fest gegriffen.

Er feilte dran und nahm es mit,

solang es durch die Fluten glitt,

nun darf ich es behalten,

kann was damit gestalten.

Tretboot

Drüben am See gibt es nen Mann,

bei dem man ein Tretboot leihen kann.

Komm wir gehen schnell dort hin,

das macht im Sommer wirklich Sinn.

Das hab ich zu dir gesagt,

hab mal etwas gewagt.

Nun strampel ich mich ab,

du hältst mich schon auf Trapp.

Doch endlich mitten auf dem See,

dort wo kein Ufer ich mehr seh,

da darf ich eine Pause machen

dafür seh ich dein freches Lachen.

Trockene Erde

Lange blieb der Regen aus,

überm Garten, überm Haus,

das Gras ist schon so gelb geworden,

verschollen sind die Schneckenhorden.

Die Erde trocknet vor sich hin,

gibt neuen Saaten keinen Sinn.

Zu wenig Wasser kommt hernieder,

da ist die Hitzewelle wieder.

Unter freiem Himmel

Unter freiem Himmel wartet das Glück,

schau nach vorn und nicht zurück,

lass uns wandern weit hinaus,

wir vergessen unser Haus.

Zelt und Rucksack sind gepackt,

wichtiges ist eingesackt.

Früh am Morgen geht es los,

dass wird wirklich grandios.

Das Himmelszelt ist unser Dach,

die Taschenlampe leuchtet schwach,

wir sehen zu den Sternen hoch,

nur ein paar Meter gehen wir noch.

Dann schlafen wir in unsrem Zelt,

zu klein ist doch für uns die Welt.

Urlaubswonne

Kaum lacht bei uns die Sommersonne,

erwartet mich die Urlaubswonne,

wo geht es hin in diesem Jahr?

Vielleicht dort wo ich noch nie war?

Oder ans Meer, wie schon so oft,

tief in den Wald? Ganz unverhofft?

Ich kann mich nicht entscheiden,

will Ungemach vermeiden.

Vielleicht bleib ich ja doch zu Haus,

und blende alle Leute aus,

leg mich in meinen Garten,

muss nicht auf andre warten.

Kein Stau und auch kein Gepäck,

ich glaub, ich fahr nicht weg.

Ventilator

Den ganzen Tag läufst du vor dich hin,

macht das überhaupt einen Sinn?

Bringst du mir Kühle oder täuscht du nur vor,

beruhigst du mit dem Rattern mein Ohr?

Ein Windlein haucht um die warme Haut,

dein kleiner Motor läuft nicht zu laut.

Wenn das Thermometer nach oben klettert,

hilfst nur du bei Sommerwetter.

Vogelfreundschaft

Ein kleiner Vogel stand vorm Haus,

fiel wohl aus seinem Nest heraus.

Die Federn waren zerzaust und nass,

er piepste ohne Unterlass.

Natürlich nahm ich ihn herein,

so herzlos kann ja niemand sein.

Ich pflegte ihn, gab Fleisch und Obst,

da wurde er gesund und groß.

Auf ewig schwebt nun überm Haus,

ein schwarzer Vogel, seht hinauf,

wenn ich nun einmal einsam bin,

dann setzt er sich ruhig zu mir hin.

Waldbrand

Trocken ist es und auch heiß,

jedem läuft der salzge Schweiß,

überall wird schon gewarnt,

die Feuerstellen sind getarnt.

Doch bitte zünd sie nicht mehr an,

mach später es doch irgendwann,

wenn Regen Sicherheit uns gibt

und die Trockenheit besiegt.

Doch mancher hört nicht auf die Worte,

mancher ist von andrer Sorte,

macht einfach was ihm gefällt,

am Ende brennt die ganze Welt.

Wärme

Sommerfreude schickt uns nun,

die helle Sonne in das Herz,

in ihrer Hitze wolln wir ruhn,

wollen vergessen jeden Schmerz,

wir heilen unsre Winterschrunden,

vergessen was geschah,

schon verblassen die alten Wunden,

alles scheint wunderbar.

Im hellen Licht der Sommerwonne,

vergisst man schnell die Dunkelheit,

erwärmt uns nun die warme Sonne,

kräftigt uns die Geborgenheit.

Wasserball

Klein gefaltet liegt er dort,

in der Badetasche,

nehm ihn mit an jeden Ort,

neben Tuch und Flasche.

Bietet viel und braucht so wenig,

Spaß für alt und jung,

hält zwar nie für ewig,

doch hält uns in Schwung.

Hol den Wasserball heraus,

wir gehen heute schwimmen,

paddeln in den See hinaus,

dort wird er Freud uns bringen.

Wespenvolk

Dort oben wohnt ein Wespenvolk,

ich fürchte mich vor ihnen,

sie kämpfen für ihren Erfolg,

wollen sich hier bedienen.

Wollte mein Getränk genießen,

doch sie kommen geflogen,

wollen aus allen Ecken schießen,

sind mir nicht wohl gewogen.

Ach, liebe Wespen, fliegt doch weg,

sonst ruf ich die Hornissen,

die mögen euren Wespenspeck,

haben euch oft gebissen.

Zeltplatz

Du sagtest einmal zelten,

das wär so wunderschön,

eröffnet neue Welten,

ich soll doch mit dir gehn,

Nun sitz ich hier am Feuer,

es qualmt mir ins Gesicht,

es ist mir nicht geheuer,

du kochst dein Leibgericht.

Stockbrot und krossen Speck,

doch Tiere ess ich nicht,

ich sitze hier im Dreck,

mir schmeckt nicht dein Gericht.

Da fängt es an zu regnen,

es donnert in der Ferne,

der Natur begegnen,

zu sehen nachts die Sterne.

Das wolltest du mir zeigen,

doch es ist nicht geglückt.

Mir spielen nicht die Geigen,

ich will nach Haus zurück.

Zitroneneis

Sauer und süß

zur gleichen Zeit,

die Zunge ist dazu bereit,

deine Zwiespältigkeit

zu erschmecken,

deinen Nachgeschmack

zu entdecken.

Zitronenlimonadenstand

Zitronenlimonadenstand

drüben am hellen Meeresstrand,

wo Möwen kreischend Kreise ziehn,

wo wir aus unsrem Alltag fliehn.

Komm holen wir uns noch ein Glas,

uns heut den Tag genießen lass,

ans Morgen müssen wir nicht denken,

lass Sorglosigkeit uns schenken.

Herbstmomente

Für alle wärmesuchenden Seelen, die die Geborgenheit des Herbstes, seine farbsprühende Energie und seine goldfunkelnden Sonnenmomente lieben.

Abschiedsfeuer

Feurige Farben am Abendhimmel,

roter Wald brennt lichterloh,

Herbstwind ist ein übler Schlingel,

schüttelt Bäume ach so froh.

Die Sonne lässt die Weite brennen,

ein Abschiedsfeuer für die Welt,

nun muss ein jeder Recke flennen,

der Winters Schönheit nicht erkennt.

Abschiedslied

Gerade noch lag ich am See,

der Abschied tut im Leib mir weh,

die Bienchen sind nun schon verstummt,

die Hummel hat nun ausgesummt.

Dem Sommer singe ich ein Lied,

von Trauer und von Abschied,

lass ihn nun gehen und sag „Good bye",

die Sommerzeit ist schon vorbei.

Apfelernte

Holt die Leiter aus dem Schuppen,

holt die Körbe aus dem Haus,

kommt zusammen nun in Gruppen,

gehen wir zum Garten raus.

Auf die Obstwiese dort hinten,

holt die Apfelernte ein,

lasst uns schnell hinübersprinten,

soll zu eurem Besten sein.

Süß und rot hängt er am Ast,

sonnig grüßt er mich von oben,

dem Baum schon eine große Last,

den Geschmack muss man doch loben.

Holt die Äpfel alle runter,

keiner soll am Baume bleiben,

pflückt doch weiter, immer munter,

ach was für ein buntes Treiben.

Apfelliebe

Apfelbaumwiese im Sonnenschein,
ach könnt es immer doch so sein.
Wir liegen hier, genießen die Früchte,
vergessen unsre alten Süchte.

Ein Apfel fällt mir in den Schoß,
er ist wunderbar rot und groß,
ich beiße ab, du siehst mich an,
ziehst mit den Augen mich in Bann.

Herbstgeflüster, Apfelduft,
Liebeskribbeln, Honigluft,
die Sonne wärmt nun meine Haut,
tief in mir drin vibriert es laut.

Besinnlichkeit

Gerade noch wars laut und grell,

die Sommerzeit vergeht so schnell,

schon senkt sich Ruhe übers Haus,

genießen kann ich das durchaus.

Besinnlichkeit schleicht sich nun ein,

ein guter Film darf es gern sein.

Ein Tässchen Tee, manchmal Besuch,

Spaziergang und ein schönes Buch.

Die laute Zeit ist nun vorbei,

es ist mir wirklich einerlei.

Die Ruhe sehnt ich lang herbei.

Blätter fegen

Lass uns heute Blätter fegen,

lass den Weg vom Dreck befrein,

fliegen sie auch so verwegen,

soll der Weg doch sauber sein.

Immer ein Stück nach dem andern,

muss ja nicht so eilig sein,

lass uns mit dem Besen wandern

und der Weg wird wieder rein.

Blätterhaufen

Lass uns dort im Blätterhaufen

lustig miteinander raufen,

unser Lachen raubt der Wind,

fröhlich hüpfen wir mein Kind,

durch die Blätter, durch das Laub,

sind für Regeln heute taub.

Bunte Pracht

Körbe voller bunter Gaben,

wollen uns bald daran laben,

Arme voller Heiterkeit,

ach wie schön ist diese Zeit.

Herbstlich liegt der Wald schon da,

ja der Winter ist doch nah,

Endlich sind die Früchte reif,

hoch zum Baume ich nun greif.

Lass die Fülle uns bestaunen,

ergriffen in die Winde raunen,

was der Herbst uns hat gebracht,

wunderbare bunte Pracht.

Bunte Tupfen

Bunte Tupfen hingemalt,

in den grauen Regen,

Regentropfenaufenthalt,

bist mir doch ein Segen.

Roter Schirm über dem Kopf,

schützt mich vor der Nässe,

bin doch nur ein armer Tropf,

in sommerlicher Blässe.

Regenschirme überall,

Menschen gehen vorüber,

der Regen macht den Erdenball

nicht nur grau und trüber.

Der Erde Gaben

Die goldne Sonne schenkt uns Kraft,

sie schenkt uns Früchte, Kraut und Saft,

die Erde überhäuft uns nun

vieles gibt es noch zu tun.

Bevor die kalte Wintersluft

uns fliehen lässt mit Eisesduft,

lasst uns den Herbst nun noch genießen,

wenn nun der Erde Gabe sprießen.

Des Herbstes Schlafgemach

Die Felder liegen nun schon brach,

die Wiesen sind schon abgemäht,

manch Halme wurden bös verschmäht,

liegen in Herbstes Schlafgemach.

Die Bäume sind nun nackt und kahl,

die Blumen lang verblüht,

die Bienen abgemüht,

der Wein schmeckt fad und schal.

Der Herbst liegt in den letzten Zügen,

würgt die müden Sonnenstrahlen aus,

der Winterschlaf ist ihm ein Graus,

es ist ihm wirklich kein Vergnügen.

Des Sommers Abschiedsschmerz

Die Zeit der Festivals verklingt,

die Sonne lässt schon nach,

während ihre Kraft ertrinkt,

wird mein Geist nun wach.

Kühle Luft beschwingt mein Denken,

Regenlied erfreut mein Herz,

wird meine Träume mir nun lenken,

ohne des Sommers Abschiedsschmerz.

Die Blätter fallen

Die Blätter fallen schon herunter,

die Welt wird bunt.

Manch Igel stopft nun munter,

Schnecken in den Mund.

Für den Winter muss er sorgen,

für die Kälte sich ernähren.

Ja, er denkt auch schon an morgen,

sammelt Tierchen nun und Ähren.

Die bunte Herrlichkeit

Der Wald steht nun in bunten Farben,

die Felder zeigen goldne Garben,

der Hebst präsentiert sein schönstes Kleid,

dem Winter graut vor kaltem Neid.

Ich wander durch die warmen Strahlen,

mit denen Herbsttage nun prahlen,

genieß die bunte Herrlichkeit,

genieß den Herbst, es ist so weit.

Die bunte Pracht

Des morgens noch verhüllt die Welt,

Nebel der auf die Wiesen fällt,

doch schon lässt der kühle Wind,

die Schleier fliehen, der Tag beginnt.

Die goldne Sonne schickt dir Kraft,

schickt Nahrung dir und Lebenssaft,

erleuchtet bald die bunte Pracht,

die uns der Herbst hat eingebracht.

Die letzten warmen Nächte

Die Nächte werden wieder kalt,

Sternenlicht hängt überm Wald.

Wir zünden uns ein Feuer an,

genießen seine Wärme dann.

Noch kann man draußen still genießen,

noch kann man Öl ins Feuer gießen,

Doch bald gedeihn die ersten Flocken,

bald braucht man warme Wintersocken.

Drachenflug

Drachen steigen hoch hinauf,

Schicksal nimmt schon seinen Lauf,

wandern durch die Wolkenwelt,

reiten auf dem Wind wie es gefällt.

Immer höher, immer weiter,

brauchen dazu keine Leiter,

gleiten auf dem Sturm geschwind,

überm Kopf von Hund und Kind,

lass nicht los, sonst ist er fort,

höre doch mal auf mein Wort.

Nein, der Faden reißt sich los,

schon ist die Enttäuschung groß.

Eichhörnchengruß

Der Morgen liegt noch in den Federn,
die Sonne erhebt ihr müdes Haupt,
Herbstluft lässt mich frierend zetern,
einen Moment war ich zu laut.

Ein flauschiges Wesen hält nun inne,
schätzt ein meiner Bewegung Sinn,
während ich nur nach Frieden sinne,
ist Freiheit der Natur Gewinn.

So hüpft das Wesen schnell davon,
hoch auf dem Baum mit buschgem Schwanz,
hoch oben wirft es mir zum Lohn,
Nüsse herab in leichtem Tanz.

Ein Tässchen Tee

Wenn draußen kalte Winde pfeifen,

Nebelschwaden die Dörfer streifen,

wenn Raureif schon auf den Blättern liegt,

jeder Baum im Sturm sich wiegt,

dann bleib ich lieber doch hier drin,

dann zieht es mich zum Sofa hin.

Ne Tasse Tee, ein gutes Buch,

das ist, was ich im Herbst mir such.

Eintopf

Die Seele hungert, der Magen knurrt,

dort nah am Feuer die Katze schnurrt.

Was hat der Herbst uns eingebracht?

Was hast zum Essen du gemacht?

Ein Topf steht dort auf dem Herd,

der ist wohl bald schon ausgeleert.

Der würzige Duft durchzieht den Raum,

dein Eintopf ist wieder ein Traum.

Farbexplosion

Schon steht ein jeder Baum in Flammen,
schon wallen Blätter gelb und rot,
so lass ich mir den Herbst gefallen,
bringt er den Blättern auch den Tod.

Filmabend

Die Kuscheldecke liegt bereit,

nun ist es Filmeabendzeit,

hol noch die Leckereien her,

wir brauchen noch ein bisschen mehr.

Der Sommer ist nun lang gegangen,

die Kühle hat uns eingefangen.

Wir kuscheln uns zusammen,

der Film hat angefangen.

Frühnebel

Im Frühnebel beginnt der Tag

sanft und geheimnisvoll.

Und wenn ich auch nach Klarheit frag,

obwohl ich es nicht soll,

such ich doch nach Erkenntnis,

im Nebelzauberkleid,

nach Liebe und Verständnis,

es ist noch nicht so weit.

Gang der Zeit

Keiner stoppt den Gang der Zeit,

keiner lebt Unendlichkeit,

die Uhr dreht sich doch Stück für Stück,

Kalender blättert nicht zurück.

Wieder kommt der Herbst daher,

Jahr für Jahr im Lichtermeer.

Älter werd ich mit den Bäumen,

lässt mich schon vom Winter träumen.

Gartenschreck

Wer steht denn dort am dunklen Eck,

es ist bestimmt der Gartenschreck,

verjagt die Diebe aus dem Hof,

der Gartenschreck ist ja nicht doof.

Mit Glocken und mit Glitzersteinen,

bringt er die Vögel doch zum Weinen.

Sie trauen sich nicht in den Garten,

sie können nicht mehr länger warten.

Des Nachbars Frucht ist ungeschützt,

die schweren Äste ungestützt.

Die Raben stürzen sich schon drauf,

sie kommen zu ihm gern zuhauf.

Doch unser Garten ist ohne Seuche,

denn ihn bewacht die Vogelscheuche.

Geschenk

Der Herbstwind macht mir ein Geschenk,
lässt leis es flattern durch die Luft,
grad war mein Kopf noch tief gesenkt,
doch kühle Brise ihn nach oben ruft.

Da gleitet es nun hin und her,
leuchtend in gelb und rot.
Und kein Gedanke bleibt mehr schwer,
kein Leid und keine Not.

Herbstwind schenkt mir ein buntes Blatt,
lässt wirbeln es in meine Hand
und war mein Geist doch grad noch matt,
ist Farbe es, die ich nun fand.

Goldener Oktober

Goldener Glanz hängt über dem Feld,

die Ernte wird bald eingefahren,

Oktober liegt über der Welt,

lasst Hoffnung uns bewahren.

Schenkt uns vor kalter Winterszeit,

noch Sonne und auch Kraft,

es ist ja nun noch nicht so weit,

noch steht alles im Saft.

Noch erfreut uns der bunte Wald,

noch laben wir uns an Kern und Frucht

und kommt der Winter auch schon bald,

wärmt uns doch noch der Sonne Wucht.

Gruselfilm

Popcorn in den Mund gestopft,

Chips sind lang schon eingetopft,

Kuschel mich in meine Decke,

zieh mich zurück in eine Ecke.

Augen weiten sich vor Schreck,

schon fliegen meine Popcorn weg.

Ich grusle mich und das ist schön,

du kannst noch nicht nach Hause gehen.

Halloween

Halloween steht kurz bevor,

bald schon öffnet sich das Tor.

Untote warten nun schon,

lachen voller Spott und Hohn.

Lange dauert es nicht mehr,

bis marschiert das Totenheer.

Knochen klappern schon im Takt,

lachend kalter Kiefer knackt.

Lasst die kalte Hand nur nicht,

euer warmes Lebenslicht,

aus den heißen Herzen pressen,

niemals eure Seele fressen.

Halloween ist bald schon da,

wie es voriges Jahr auch war.

Keiner weiß wie viele Leichen,

euch die Hand am Ende reichen.

Herbstdämmerung

Die Dämmerung umhüllt die Welt,

beschützt in ihrem Himmelszelt,

die Dunkelheit kriecht schon herbei,

die Lichter sind ihr einerlei.

Wolkengeschwader verhüllen die Sterne,

kein Leuchten sieht man in der Ferne.

Ans Feuer ziehn wir uns zurück,

Herbst bringt uns näher Stück für Stück.

Herbstduft

Herbstduft,

kalte Luft,

Pilzgericht,

Schummerlicht,

kalte Hand,

Unterstand,

Tasse Tee,

bald kommt Schnee.

Herbstfreuden

Das Licht bricht durch die gelben Blätter,

lässt uns erahnen Himmelsfreud.

Sanfter wird nun Wind und Wetter,

für jeden, der die Hitze scheut.

Herbstgesang

Herbstwind singt mir süße Lieder,

weht herbei mir warmen Duft,

höre seine Stimme wieder,

hör sein Sehnen in der Luft.

Herbstgesicht

Regenduft,

Apfelluft,

Wolkentraum,

Farbenbaum,

Sonnenlicht,

Herbstgesicht.

Herbstgewitter

Donnergrollen brüllt durchs Land,

ängstlich nimmst du meine Hand.

Du fürchtest dich, ich halt dich fest,

ich tröste dich, wenn du mich lässt.

Blitze zucken, Wolken brechen,

Herbst lässt seine Kräfte sprechen.

Herbstgewitter zieht durchs Land,

komm mein Kind, nimm meine Hand.

Herbstglühen

Dort hinten am Horizont,

dort steht ein Baum, der sich noch sonnt.

Genießt die letzte Sonnenwärme,

steht dort schon lange in der Ferne.

Am Abend zieht das rote Licht

über seinen Platz,

wenn es sich in den Wolken bricht,

verspricht es einen Schatz.

Herbstglühen in der Abendsonne,

ein Sonnenstrahlentraum.

Für mich die wunderbarste Wonne,

es einfach anzuschaun.

Herbsthimmel

Wattewolken, Blätter fallen,

Winde durch die Lüfte wallen,

Blauer Himmel, Herbstgewand,

warmer Schal und kalte Hand.

Lass mich in den Himmel kucken,

Kirschkerne in Pfützen spucken,

lass das Leben uns genießen,

Öl ins Feuer lass uns gießen.

Herbsthimmel bringt Träume mit,

folge ihnen mit schnellem Schritt,

jag den Fantasien nach,

leg mich zum Herbst ins Schlafgemach.

Herbstintro

Introvertiert lebt es sich leicht,

wenn Herbstwind um die Häuser schleicht.

Im Sommer geht man gerne aus,

hält es nicht leicht alleine aus.

Die Menschen treffen sich so gern,

sprechen so viel und machen Lärm.

Der Herbst vertreibt unruhige Geister

und endlich wird es wieder leiser.

Herbstkühle

Noch wärmt die Sonne mir die Haut,

noch spielen die Kinder fröhlich und laut,

noch spritzt das Wasser aus dem Becken,

noch können wir am Eise lecken.

Doch schon nähert sich der kühle Wind,

kommt täglich näher und er bringt,

das sanfte Glühen der Sonne mit sich,

lieber Herbst, ich erwarte dich.

Herbstlied

Herbstwind flüstert mir sein Lied,

lässt mich lauschen, lässt mich horchen,

kein Baum steht mehr in Reih und Glied,

muss nun dem Sturm gehorchen.

Die Drachen ziehen übers Land,

die Nebel wallen wieder,

Herbstwind hat alles in der Hand,

weht Blätter nun hernieder.

Herbstmelodie

Der Herbstwind singt ein wildes Lied,

malt mir ein Bild vom schnellen Flug,

singt Weisen von Verlust und Abschied,

erzählt von Lügen und von Trug.

Der Herbst schreibt Lieder übers Sterben,

nutz Wörter wie Vergangenheit

will doch um seine Schönheit werben,

hat dabei keine Schwierigkeit.

Der Herbst tanzt wild in Sturmes Reigen,

verneigt sich mit den Bäumen im Wind,

will Fülle und Leere gleichzeitig zeigen,

Vergänglichkeit lehrt er jedes Kind.

Herbstmorgen

Raureif liegt nun auf den Wiesen,

der Morgen ist so kühl und klar.

Es grüßen keine Wolkenriesen,

kein einzges weißes Exemplar.

Blau strahlt der Himmel doch herab

und bringt doch keine Wärme mit,

der Herbstwind hält uns schon auf Trab,

lässt frösteln uns auf Schritt und Tritt.

Herbstnebel

Schon legt sich Nebel übers Feld,

schon dämpft die Dämmerung die Welt.

Leis kräht es von den Bäumen dort,

verzaubert ist der alte Ort.

Der Herbstwind lässt das Haar mir wehen,

die Wehmut neue Dinge sehen.

Sehnsuchtsvoll die Blicke schweifen,

Herbst lässt Vergänglichkeit begreifen.

Herbstpicknick

Die Sonne hält uns heut noch warm,

ich lieg beseelt in deinem Arm.

Bunte Blätter schmücken unser Bett,

dekorieren es uns nett.

Fallen von der Eiche dort,

wallen um den stillen Ort,

Unsre Decke wird nun bunter,

unsre Herzen werden munter.

Picknickliebe, Herbstgenuss,

kalter Wind und heißer Kuss.

Herbstruhe

Ich sitze hier bequem im Haus
und sehe aus dem Fenster raus.
Der Regen prasselt auf das Dach,
ich hab ein Feuer mir entfacht.

Gemütlich hab ich es hier drin,
was ist der Herbst doch ein Gewinn.
Muss nicht mehr an die Seen hecheln,
darf endlich wieder drinnen schwächeln.

Herbstschäumender Fluss

Die Regenfälle stark und oft,
haben den Fluss nicht unverhofft,
verwandelt und gaben ihm ein Gesicht
dass kühne Wildheit uns verspricht.

Die bunten Blätter fielen hinein,
so muss der Fluss nicht grau mehr sein.
Schäumend tosen seine Fluten,
wohin das kann ich nur vermuten.

Reißt Blätter mit und braunen Schlamm,
bricht schäumend dort über die Klamm,
braust lärmend nun durchs alte Bett
und formt ihm ein neues Skelett.

Herbstsonne

Apfelkuchen, Pflaumenwein,

was soll es denn heute sein?

Herbstgewitter, Regenguss,

heißer Tee und Zimtgenuss.

Hol die Decke aus dem Schrank,

kühl ist es, du wirst noch krank.

Genieß die Ruhe, genieß die Zeit,

der Wintereinbruch steht bereit.

Noch lacht die Herbstsonne uns zu,

doch bald begibt sie sich zur Ruh,

lässt nur noch sanfte Winterstrahlen,

Streifen an den Himmel malen.

Herbststimmung

Besinnlichkeit, Geborgenheit,

bunte Farben, grauer Regen,

So liebe ich die herbstliche Zeit,

genieße ihren Segen.

Herbsttag

Der Morgen hat mich aufgeweckt,

mit lautem Vogelgesang,

was hat er denn nur ausgeheckt,

ich hör schon seinen Klang.

Seine Versprechen sind so groß,

sei Licht ist hell und bunt,

ich stehe auf, schon geht es los,

habs Frühstück noch im Mund.

Der Herbsttag lädt zum Schlemmen ein,

will mir so vieles schenken.

Was für ein Tag solls heute sein?

Wohin lass ich mich lenken?

Herbstzauber

Herbst hat einen Zauberstab,

malt Farben auf des Sommers Grab.

Sprüht goldne Funken auf die Welt,

stellt auf ein graues Nebelzelt.

Die Sonne zieht nun tiefre Kreise,

geht ihren Weg auf stille Weise,

sie scheint nun nicht mehr grell und heiß,

strahlt golden, malt den Nebel weiß.

Genieß den Zauber, genieß die Farben,

genieß die alten Blütennarben,

verliert dann jeder Baum sein Kleid,

so weißt du, dass es bald schon schneit.

Hexenzeit

Herbstzeit ist auch Hexenzeit,

sind zum Besenritt bereit,

alle Zauberbücher dort,

bringen uns zum Hexenhort,

lass uns zaubern, lass uns kochen,

Zauberspruch ist schon gesprochen,

lass die Tränke lustig sprudeln

und uns in die Lüfte trudeln,

Herbstzeit ist auch Hexenzeit,

bist du schon für uns bereit?

Igelnase

Igelnase spitzt durchs Laub,

bleibe leise stehen.

Hab mich grade umgeschaut,

wollte weitergehen.

Doch mit schwarzen Augen starrt

mich der Igel an.

Ein jeder von uns nun verharrt

ganz still in einem Bann.

Kalte Hände

Kalte Hände greifen mich,
vertreiben jede Wärme,
in der Weite sehe ich dich,
in unzähmbarer Ferne.

Allein steh ich im Nebelwind
und du verschwindest schon.
Da wir noch verbunden sind,
läufst du schnell davon.

Alle Wärme dieser Welt,
scheint in dir gefangen.
Hab kein Haus und auch kein Zelt,
der Sturm hat angefangen.

Kaminfeuer zum Herbstbeginn

Sanfte Schatten an der Wand,

ein Tässchen Tee in meiner Hand.

Mein Blick entkommt den Flammen nicht,

knackend nun ein Ästchen bricht.

Wärme strömt durchs ganze Haus,

liebes Feuer, brenn nicht aus.

Kaminfeuer zum Herbstbeginn,

dass ist doch wohl ein Lustgewinn.

Kastanienmännchen

Kastanienmännchen, bist so allein,

wolltest doch niemals einsam sein.

Ich bau dir eine Frau dazu

und auch ein Hündchen bekommst du.

Vielleicht noch zwei Kastanienkinder,

dann ist es lustig doch im Winter,

Kastanienmännchen nun hast du,

ne Kastanienfamilie dazu.

Kürbiskopf

Kürbissuppe, Kürbisbrot,

Kürbiskopf in heller Not,

Kürbislachen, Kürbistopf,

armer kleiner Kürbistropf.

Alle wollen dich nun schneiden,

stechen dich und auch ausweiden,

dein Fleisch das schmeckt gekocht so gut,

dein Kürbiskopf macht frohen Mut.

Kuschelzeit

Herbstzeit ist auch Kuschelzeit,

mach dich doch mit mir bereit.

Schnell aufs Sofa mit Decke und Kissen,

ein Buch will ich auch nicht vermissen.

Du sitzt bei mir, bist mir so nah,

so ist es doch in jedem Jahr.

Ist der Sommer erst vorbei,

sehnen Wärme wir herbei.

Gemütlichkeit im Jetzt und Hier,

zusammen glücklich sein mit dir.

Laternenzug

Schon höre ich die leisen Stimmen,

die mit dem Herbstwind doch verschwimmen,

schon wandern helle Lichter durch die Nacht,

St. Martin hat sie uns gebracht.

Und wieder spazieren fröhliche Kinder,

kreative Laternenerfinder,

wie jedes Jahr am Haus vorbei,

St. Martin ist es einerlei.

Laub

Laub liegt nun auf allen Straßen,

deckt nun auch die Wiesen zu.

Könnten es doch liegen lassen,

doch da stimmst du mir nicht zu.

Mit dem Rechen, mit dem Besen,

rückst du nun dem Laub zum Leib.

Lässt es im Kompost verwesen,

ja, das ist dein Zeitvertreib.

Lebenskarussell

Die Störche reisen nun schon ab,

in wärmere Gefilde,

vom Baume fällt ein einzeln Blatt,

welch seltsames Gebilde.

Des Sommers Ende hat begonnen,

die Zeit verging so schnell.

Sie ist wie Wüstensand zerronnen,

im Lebenskarussell.

Lesezeit

Herbstzeit ist auch Lesezeit,

sind für alles nun bereit.

Geschichten, Liebe, Abenteuer,

Helden, Zauber, Ungeheuer.

Lassen uns auf alles ein,

ein gutes Buch, das muss nun sein.

Lichtertanz

In der dunklen Jahreszeit,

wallen Lichter durch die Nacht,

sind zur Lichterschau bereit,

hast die Kerzen angemacht.

Laternen tanzen ihren Reigen,

wandern wankend durch den Wald,

wolln ihr Festgewand uns zeigen,

ihr Knistern durch den Nebel hallt.

Mondspaziergang

Blasses Licht und kühle Luft,

sanfter Schimmer, frischer Duft,

Sterne winken mir entgegen,

der Mond wirkt heute schon verwegen.

Hoch oben thront er über mir,

singt ein Lied von mir und dir,

erweckt die Sehnsucht nach der Liebe,

die ich für heut noch verschiebe.

Träum mich davon in Mondesland,

die Sterne sind mein Unterpfand.

Nebelversteck

Nebelschwaden liegen hell,

auf des Feldes Stoppelfell,

decken jede Wunde zu,

sorgen morgens noch für Ruh,

lassen Träume länger walten,

lassen Hoffnung uns erhalten,

legen sich auf Schutt und Dreck,

legen sich auf dein Versteck.

Nebelwald

Nebel hat den Wald verschlungen,

der Gesang, der einst erklungen,

nun ist er verstummt.

Herbst hat alles Grün vermummt.

Nebelwelt

Geheimnisvoll liegt sie vor mir,

weiß nicht was mich erwartet,

lieber wäre ich nun bei dir,

doch du gingst unerwartet.

Nun steh ich in der Nebelwelt,

kaum Sicht und kaum Erkenntnis,

keine Hand, die mich mehr hält,

kein menschliches Verständnis.

Steh ganz allein im weißen Dunst

und bin doch unbefangen,

nicht abhängig von deiner Gunst,

hast mich nie aufgefangen.

Novembergedanken

Nebelschleier senkt sich schon,

dem Morgenlicht schenkt er nur Hohn.

Wolken setzen sich aufs Land,

der Sonne dunkles Unterpfand.

Schon werden die Gedanken grau,

schon wird der Magen mir so flau,

die Sonne nicht mein Herz erhellt,

November hat das Grau bestellt.

Die Traurigkeit besticht das Herz,

lockt heraus den süßen Schmerz,

lässt die Melancholie frohlocken,

uns hinterm Ofen leise hocken.

Novembergrau

Wolken ziehen übers Tal,

kleiden es in dunkles Grau,

alles schmeckt nun alt und fahl,

alles nur noch fad und lau.

Farbenkleid ist abfallen,

Sommerhitze lang vergangen,

keine Blätter nun mehr wallen,

Novembergrau hat angefangen.

Oktobergold

Goldne Zeiten schenkt das Jahr

im Oktober immerdar.

Sternenstaub liegt in der Luft,

geschwängert noch mit Apfelduft.

Lass uns durch die Wälder schlendern,

bald wird sich das Wettern ändern,

November wird das Gold vertreiben,

sich die grauen Hände reiben.

Pilzgeruch

Pilzgeruch in deiner Nase,

Sammelfieber im Gesicht.

Dort drüben läuft ein kleiner Hase,

doch gesehen hast du ihn nicht.

Du siehst nur kleine Kappenträger,

du suchst nach pilzgeschwängerter Luft,

mir scheint das ganze immer schräger,

du hechelst nach dem herben Duft.

Regenwetter

Regenwetter, Wolkenstau,

der Himmel ist heute so grau.

Die Tropfen fallen dicht und kalt,

der Nebel zieht auf überm Wald.

Ich ziehe meine Jacke an,

weil ich nicht nur hier sitzen kann.

Es zieht mich raus, es zieht mich fort,

Regenspaziergang hier im Ort.

Rosenblatt

Die Rose einst in voller Blüte,

verliert nun auch ihr letztes Blatt,

schon wird die Sonne, die gestern glühte

so kraftlos leise, karg und matt.

Der Rose Schönheit ist vergangen,

der Blümlein Sommer ist vorbei,

der Herbst hat lange angefangen,

dem Winde ist das einerlei.

Schal und Handschuh

Die kalte Luft zieht übers Land,

es frieren lang schon Hals und Hand,

ich such aus meinem alten Schrank,

der einst in meinem Hause stand,

die Wintersachen schnell heraus,

ich brauche sie, es ist ein Graus.

Der Sommer ist schon lang vorbei,

das war mir bisher einerlei.

Doch frieren will ich nun nicht mehr,

nein Schal und Handschuh müssen her.

Sommerende

Die Tage werden wieder kurz,

die warme Zeit ist schon vorbei,

es ist des Sommers schneller Sturz,

dem Herbst, dem ist es einerlei.

Sommerkind

Sommerherzen verfallen nun in Trübsal,

sehen befangen die letzten warmen Winde gehn.

Schon fallen erste Nebelschwaden übers Tal,

dort wo die großen Weiden stehn.

Schon fallen erste Blätter nieder,

das erste Frösteln naht geschwind.

So wünscht sich doch den Sommer wieder,

ein jedes hoffend Sommerkind.

Sommerliebe

Die bunte sommerliche Hose,

sie lag so herrlich weit und lose

um meine Hüften so bequem,

nun muss sie in die Kiste gehen.

Die bunte Blumenmusterbluse,

auf der sitzt noch so manche Fluse,

aus sommerlichen Zeiten drauf,

nun räum ich sie wohl lieber auf.

Die Sommersachen zu verstauen,

dass kann in eine Wunde hauen,

für jeden der den Sommer liebt,

ist diese Tat doch ungeliebt.

Sommerschlaf

Schon legt der Sommer sich zur Ruh,

schließt grollend seine Augen zu.

Die letzten warme Winde gehen,

der Herbst lässt Stürme kälter wehen.

Schon sprießt ein jedes Fell nun dichter,

schon verblassen des Tages Lichter.

Sommer legt sich murrend nieder,

lieber Herbst, da bist du wieder.

Sonnengesicht

Leuchtest den ganzen Sommer mir,

lachst mir noch im Herbst entgegen,

viele Tiere danken dir,

bist für sie ein wahrer Segen.

Sonnenblume, Sonnengesicht,

trägst ein stattliches Gewicht,

wanderst stehts der Sonne nach,

legst dich bald ins Schlafgemach.

Für die dunkle Zeit im Jahr,

spendest du doch immerdar,

allen Vögeln deine Samen,

können sich nun daran laben.

Sonnenkuss

Ein letzter Sonnenkuss schenkt

noch einmal goldne Heiterkeit,

lässt uns in bittrer Fröhlichkeit,

in herbstlicher Kühle eingeengt.

Eine letzte Farbenexplosion,

lässt uns Genuss erspüren,

in Sinnlichkeit verführen,

bevor das Weiss uns lacht in Hohn.

Sonntag im Herbst

Nichts zu tun, nichts zu sagen,

nichts hab ich heute zu wagen,

Regen tropft an Fensterscheiben,

Sonnenstrahlen wolln nicht bleiben.

In mir ist es heut so still,

dass ich gar nichts sagen will.

Bleib alleine, bleib für mich,

doch nicht lange sicherlich.

Spätherbstmorgen

Spätherbstmorgen,

keine Sorgen,

Sonnenstrahlen,

Farben malen,

Wundertraum,

herbstlicher Baum,

Aufgewacht,

bunte Pracht.

Sturmkönig

Der Sturmkönig zieht um das Haus,

zieht der Bäume Kleidung aus,

rächt sich nun an allen Wesen,

die nicht wohlgesinnt gewesen.

Räum die losen Sachen weg,

sonst weht er sie dir vom Fleck.

Traubenpracht

Bunte Trauben hängen schon

an der Laube dort im Garten,

wollen nun nicht länger warten,

jeder Atemzug ist Hohn.

Ernte muss nun schnell erfolgen,

fallen sonst alle herab,

Vögel halten uns auf Trab,

lasst die Reben uns vergolden.

Bald schon sind die Körbe voll,

versammeln wir uns dort im Haus,

jeder Verlust ist uns ein Graus,

jede Pause uns ein Groll.

Trauerzeit

So mancher trauert um den Sommer,
so mancher weint schon um das Jahr,
kaum jemand wird im Herbste frommer,
als er es noch im Sommer war.

So mancher verliert heiße Tränen,
wünscht sich zurück ans blaue Meer,
schwelgt schon in neuen Urlaubsplänen,
wünscht sich das Sommerleben her.

Ich jedoch freu mich auf den Herbst,
ich lieb die Kühle, lieb die Farben,
während du deine Träume färbst,
erfreu ich mich an goldnen Garben.

Den Winter fürchte ich doch nicht,
auch nicht die kühle Einsamkeit
und während dir das Herz noch bricht,
freu ich mich, dass es bald schon schneit.

Traurigkeit im Herbstgesicht

Traurigkeit im Herbstgesicht,

malt mir Tränen auf die Wangen,

da Jahr steht vorm jüngsten Gericht,

liegt schon in richterlichen Zangen.

Die Dunkelheit holt nun hervor,

Dämonen, die die Seele fluten,

der lange Winter steht bevor,

lässt Winterdepression vermuten.

Die Sonne wärmt nicht mehr das Herz,

die bunten Farben sind vergangen,

in mir erwacht nun kalter Schmerz,

Novembergrau hat angefangen.

Vergangener Sommer

Sommerlachen ist verhallt,

Sommerliebe schon vergessen,

Eisger Wind zieht durch den Wald,

reißt an Blättern wie besessen.

Schon werden alle Bäume leer,

schon zieht es uns ans Feuer,

vergessen sind nun Strand und Meer

und Sommerabenteuer.

Vergänglichkeit

Gerade noch sah ich die bunten Tulpen sprießen,

musst ich die ersten Samen gießen,

schon ist des Sommers Zeit vorbei,

beginnt des Herbstes Malerei.

Wie schnell zieht doch die Zeit einher,

des Lebens Herbst nähert sich schwer,

Vergänglichkeit in jedem Blatt,

ein mancher Geist wird schwer und matt.

Vertrauen

Regentropfen auf der Haut,

Lachen tief im Bauch,

hab mich endlich mal getraut,

ich hoff du schaffst es aus.

Alle Gefühle lass ich raus,

alle Gedanken schenk ich dir,

verlasse nun mein Seelenhaus,

ich hoffe du belohnst es mir.

Hab mein Vertrauen dir geschenkt,

mich hüllenlos gezeigt,

unsre Gedanken wurden vermengt,

war dem nicht abgeneigt.

Nun schenke mir auch deine Gunst,

leg ab die schnöden Mauern,

Vertrauen ist doch eine Kunst,

wenn Ungeheuer lauern.

Vogelhaus

Dort draußen im Garten,

da seh ich sie warten,

sie zwitschern und pfeifen,

trillieren und keifen.

Der Herbst ist schon da,

der Winter ist nah.

Sie fürchten den Winter,

den Hunger dahinter.

Doch ich sorge für sie,

mit viel Energie,

zimmer ich ein Haus,

säg Fenster auch aus.

Mit Terrasse davor,

leih ihnen mein Ohr.

Noch Futter hinein,

so soll es sein.

Waldspaziergang

Blättern rascheln unterm Tritt,

ich lächle sanft bei jedem Schritt,

der Wald empfängt mich bunt und hell,

ich geh mal langsam und mal schnell.

Die Tierwelt bereitet sich schon vor,

horcht auf mich mit einem Ohr,

geschäftig wird gesammelt dort,

geschaffen wird nun Heim und Hort.

So viel zu staunen, zu viel zu sehen.

Willst du mit mir spazieren gehen?

Windzerzaust

Streife durch die bunten Wege,

windzerzaust.

Wander dort zum alten Stege,

durchgebraust.

Steck die Nase in den Wind,

herbstverliebt,

gehe noch nicht heim geschwind,

sturmgeliebt.

Winters Hand

Tannenzapfen, Kieferduft,
Winter liegt schon in der Luft.
Noch ist Herbstwind nicht vergangen,
hat gerad erst angefangen.
Doch schon schwirren kalte Lüfte,
locken winterliche Düfte.
Eine Ahnung zieht durchs Land,
ich glaub es ist schon Winters Hand.

Wintermomente

Für all die stillen Seelen, die der weißen Pracht und der Kälte Gutes abgewinnen können und die wundervolle Winterzeit genießen.

Alex C. Weiss

Am See

Die Sommerzeit ist lang vorbei,

der See liegt still darnieder,

den Enten ist das einerlei,

sie singen Winterlieder.

Das Schilf ist voller Eiskristalle,

das Ufer schneebedeckt,

das dünne Eis wird schnell zur Falle,

hats Wasser nur versteckt.

So still und ruhig liegt nun der See,

kein Kinderlachen ist zu hören,

ich leise hier am Ufer steh,

will nicht die Ruhe stören.

Am Vogelhaus

Am Vogelhaus

siehts lustig aus,

buntes Gefieder,

dem Winter zuwider,

fröhliches Singen,

will Freude bringen.

Futterzeit,

es ist so weit.

Bettgeflüster

Warmes Bett an kaltem Tag,

niemals ich verlassen mag.

Wintermorgen lässt mich zaudern,

heute stört mich jedes plaudern.

Sei doch leise, stör mich nicht,

lösch doch bitte auch das Licht.

Kalter Tag im warmen Bett,

ja, das ist doch wirklich nett.

Bratapfelduft

Bratapfelduft

liegt in der Luft,

Großmutterliebe,

Barbaratriebe,

Winterzeit,

Herzen weit,

Flockentanz,

Winterkranz.

Dauerfrost

Die Kälte hält das Land im Griff,

Eis überzieht die Straßen,

Schneesturm übers Dach schon pfiff,

verwehte alle Gassen.

So lange schon der Winter herrscht,

der Sommer ist vergessen,

fühl mich zu Hause eingepfercht,

von Winterkraft besessen.

Der erste Schnee

Schon lange liegt er in der Luft,

wird sehnsuchtsvoll erhofft,

kalter, reiner Flockenduft,

luftig weich und soft.

Da endlich fällt die erste Flocke,

der erste Zauberstern,

während ich still am Fenster hocke,

den Schnee hab ich so gern.

Ich sehe hoch zum Himmelszelt,

seh weitere Sterne fallen,

verzaubern meine Winterwelt,

das lass ich mir gefallen.

Der Moment

Ich seh den Hirsch im Winterwald,

nur einen kurzen Moment,

ich friere, meine Hände sind kalt,

hab die Gelegenheit verpennt.

Keine Kamera hab ich nun zur Hand,

halt den Moment nicht fest,

genieß ihn hier im Winterland,

mein Herz er nie verlässt.

Der Winter naht,

Der Winter naht, die ruhige Zeit,

ich bin schon lange dafür bereit.

Ich brauch ihn jetzt, ich sehn ihn herbei,

Gesellschaft ist mir einerlei.

Möchte durch einsame Schneelandschaft schreiten,

möchte mein Herz im weißen Nebel weiten,

will die Kälte spüren auf der Haut,

will die Ruhe, alles ist noch so laut.

Die stille Zeit sehne ich herbei,

wenn es doch endlich so weit sei.

Brauche Ruhe, brauche Einsamkeit,

doch noch ist es nicht so weit.

Vor der Ruhe kommt der Sturm,

bald schon stürzt er ein der Turm.

Noch so vieles ist zu tun,

doch dann gibt es Zeit zu ruhn.

Des Winters Kind

Ich bin grad frierend aufgewacht,
hab auch das Fenster aufgemacht,
zog fröstelnd mir die Brille an,
damit ich besser sehen kann.

Dort draußen vor dem alten Haus,
erkannte ich voll kaltem Graus,
eine Frau in weißem Kleid,
ganz ohne fröhlich Heiterkeit.

Ihr Blick mir doch den Atem raubte,
so dass ich zu verstehen glaubte,
dass ihre Traurigkeit der Welt
in Wintermüßigkeit gefällt.

Vielleicht war sie der Winter selbst,
in dessen Dasein du verwelkst.
Vielleicht war sie des Winters Kind,
mit ihr kam auch der Winterwind.

Des Winters Lied

Ein leises Lied singt uns der Winter,

des Herbstes Stimme klingt dahinter,

singen von Kälte und Verlust,

singen von Traurigkeit und Frust.

Doch kleine Glöckchen lachen hell,

erzählen Wintermärchen schnell.

Die Kälte kann uns niemals schaden,

wolln uns an Feuers Wärme laben.

Des Winters Melancholie

Heut Morgen war der Herbstwind fort,

des Winters Atem streifte mich,

ich hörte sein klirrendes Wort,

alles roch so winterlich.

Winterhauch hat mich umhüllt,

Kälte mich erschüttert,

Melancholie hat mich erfüllt,

meine Träume gefüttert.

Diamantzapfen

Lass uns durch die Schneehügel stapfen,

erkunden wir das Wunderland,

Sternflocken und Diamantzapfen,

liegen kalt in meiner Hand.

Lass uns weiße Welten sehen,

voller wunderbarer Wesen,

lass uns doch zum Walde gehen.

bin lange nicht mehr hier gewesen.

Die Eiche

Weißes Kleid umhüllt die Eiche,

ersetz ihr üblich Blätterkleid,

wenn ich über die Rinde streiche,

wird mir mein Herz so warm und weit.

Der alte Baum steht schon so lange,

auf diesem Hügel überm Haus,

wird mir die Zukunft manchmal bange,

dann treibt es mich zu ihm hinaus.

Einsamkeit

Nun kommt die Zeit der Zweisamkeit,

für die, die Liebe kennen,

doch in des Winters Einsamkeit

kann man sich schnell verrennen,

wer nun keinen Partner hat,

bleibt oft allein zurück

und findet in der kalten Stadt,

so leicht doch nicht sein Glück.

Eisblume

Du wächst am Fenster, langsam und sacht,

hast so viel Schönheit mitgebracht.

Doch bringst du auch die kalte Hand,

die oft im Winter uns schon fand.

Ein Feuer wird die Seele wärmen,

doch du liebe Blume wirst nicht dafür schwärmen.

Eiskönigin

Die Eiskönigin wirft ihre Splitter

wieder in die Ferne,

sie sehen aus wie Silberflitter,

wie zauberhafte Sterne.

Doch wenn sie deine Seele erreichen,

erfrieren sie dein Sein,

werden deine Gefühle streichen

und du wirst kalt wie Stein.

Pass gut auf, auf deine Lieben,

lass sie nicht hinaus,

denn die zarten Silberdolche,

fliegen nun ums Haus.

Eiskratzer

Mancher möchte es sich ersparen,

muss dann übles oft erfahren,

heißes Wasser hilft da nicht,

kratzen ist doch unsre Pflicht.

Hol dir nen ordentlichen Kratzer,

sonst gibt es stümperhafte Patzer,

du willst im Winter auch was sehen,

musst pünktlich auf die Straße gehen.

Ne Garage wär jetzt toll,

hast doch schon die Nase voll.

Eis auf deiner Windschutzscheibe,

dem rückst du nun schnell zu Leibe.

Eiskruste

Weiße harte Schicht,

verschonst uns nicht,

legst dich über unser Gut,

weckst in uns gleißende Wut.

Überziehst uns Hof und Haus,

alles sieht so kalt nun aus.

Sehnen uns nach wärmren Tagen,

du belagerst uns verschlagen,

wollen nicht das Haus verlassen,

du lässt unsre Welt verblassen.

Eiskunstläuferin

Sie zieht ihre Bahnen in elfengleichem Tanz,

mit Kufen und Eis in zauberhafter Allianz.

Ein Sprung, eine Drehung, ein Lächeln, ein Blick,

man hofft sie bricht sich dabei nicht das Genick.

Eislaufen

Dort auf dem Eis auf dem See,

dort drehn sie ihre Runden,

mir wird bang, wenn ich sie seh,

erahne böse Schrunden.

Lass das Eis auch halten,

lass sie auf Kufen stehn,

lass sie den Halt behalten,

nicht triefend untergehn.

Eisschwimmen

Herausgefordert hast du mich,

ausgelacht habe ich dich.

Eisschwimmen ist ne Kleinigkeit,

dazu bin ich sofort bereit.

Nun steh ich hier am kalten See,

während ich dich im Wasser seh

den Morgenmantel festgekrallt,

nein, das ist wirklich viel zu kalt.

Eisskulptur

Dort steht eine Eisskulptur,

Kunstgenuss pur.

Reine Schönheit eingegossen,

aus der Kälte ist sie gesprossen.

Vergänglichkeit in schönster Form.

Da hilft nicht Ungeduld und Zorn.

Einst wird die Sonne sie vernichten,

du kannst nur noch davon berichten.

Faulenzen (Winteredition)

So schön ist es an Wintertagen,

die Faulheit einfach zu ertragen,

Das Nichtstun kann man auch genießen,

lass keine Energie mehr fließen.

Lieg auf dem Sofa warum und weich,

die Arbeit ist mir heute gleich.

Empfange Stille und Gelassenheit,

die Ruhe braucht auch ihre Zeit.

Muss ja nicht immer strebsam sein,

ein fauler Tag ist auch mal fein.

Flockentanz

Hoch am Himmel spielt der Wind
göttliche Melodien,
Tänzer betreten dann geschwind,
in sanften Harmonien,
die Tanzfläche des Himmelszeltes,
den wundersamen Raum,
den Engeln dort gefällt es,
ist so schön anzuschaun.

Frosthauch

Kalte Hand ergreift mein Herz,

sehne mich doch nach dem Schmerz,

lässt mich fühlen, lässt mich sein,

weiß nicht mal, warum ich wein.

Kalter Hauch streift meine Haut,

in mir schreit es grell und laut,

Einsamkeit ergreift mich hart,

weiß nicht mal, worauf ich wart.

Frühkälte

Früh morgens bringt der Wind,
die Kälte schon mit sich,
ich zittre bitterlich,
geh schnell nach Haus, mein Kind.

Lass draußen dich nicht sehen,
der Schneesturm zieht schon auf,
bringt Flocken doch zuhauf,
die schon den Weg verwehen.

Verirr dich nicht dort draus,
such deinen Weg geschwind,
sonst macht der Schnee dich blind,
das überlebt nicht Mann noch Maus.

Geblendet

Schneefelder so weit und hell,

blenden mich, sind viel zu grell.

Die Sonne strahlt, der Himmel blau,

ich kaum aus meinen Augen schau.

Schon tränen sie und werden rot,

befinde mich in großer Not.

Die Sonne auf dem weißen Feld,

ist nicht gerad mein größter Held.

Schon krame ich in meiner Tasche,

schon ziehe ich an jeder Lasche.

Wo ist die Sonnenbrille hin?

Ohne sie machts keinen Sinn.

Geblendet seh ich nicht die Welt,

die mir sonst doch gut gefällt.

Heiße Maroni

Dort drüben steht ein kleiner Stand,
wie jeden Winter auf dem Platz,
gibt heiße Wollust auf die Hand,
angepreist mit viel Rabatz.

Schon steh ich in der Schlange an,
kann es kaum noch erwarten,
und bin ich endlich einmal dran,
kann der Genuss schon starten.

Heiße Maroni einmal bitte,
fühl schon die Wärme auf der Zunge,
entferne mich mit schnellem Schritte,
bin schon auf dem Sprunge.

Die weiße Tüte in der Hand,
erfreu ich mich am Leben,
lehne mich still an eine Wand,
will den Geschmack erleben.

Hinterm Ofen

Hinterm Ofen liegt die Katz,
ist nun nicht mehr auf der Hatz,
sucht die Wärme hier im Haus,
will auch gar nicht mehr hinaus.

Ich mach es meiner Katze nach,
versinke hier in tiefem Schlaf,
die Winterruhe deckt mich zu,
schenkt Frieden mir und Ruh.

In der Therme

Erschnuppre aus der Ferne
bekannten Chlorgeruch.
Erahn schon sanfte Wärme
beim Hallenbadbesuch.

Die Therme ist noch leer,
die ersten Menschen gehen
der Schlange hinterher,
wolln Wasser eilig sehen.

Schnell wird bezahlt und umgezogen,
dann eilig noch geduscht,
das Programm noch überflogen,
dann durch den Gang gehuscht.

Hinein ins warme Thermenwasser,
hinaus aus Kälte, Eis und Schnee,
die Körper sind im Winter blasser,
doch das tut uns nicht weh.

Klar

Frostklar liegt die Welt vor mir,

ist so weit und hell.

Weiße Wunder seh ich hier,

Glitzertraum sensationell.

Selten seh ich ach so klar,

selten ist alles so frei,

fühl mich einfach wunderbar,

ich hoff es ist nicht bald vorbei.

Wintertraum und Frosterscheinung,

lässt mich alles offen sehn.

Jede Sicht und jede Meinung,

kann man hier und jetzt verstehn.

Kneipenbummel

Vier Freunde stehen schon bereit,

s ist wieder Kneipenbummelzeit.

Wir machen heut die Nacht zum Tag,

vier Kneipen, die ein jeder mag.

Die erste liegt am Hafen dort,

was ist das für ein finstrer Ort,

die zweite ist modern und hell,

mir persönlich viel zu grell.

Die dritte Kneipe ist schon dicht,

erloschen ist das Kneipenlicht.

Drum ziehn wir weiter zu der vierten,

die lockt uns mit den netten Wirten.

Der Tresen verspricht Geselligkeit,

Gespräche und auch Heiterkeit.

Drum lass uns noch ein bisschen bleiben,

und uns das Leben einverleiben.

Knisterfeuer

Knisterfeuer brennt so schön,

gern ich mich damit verwöhn,

schon tobt es wärmend im Kamin,

gestrichen wird jeder Termin.

Ich mach es mir zu Hause fein,

das darf im Winter auch mal sein,

hier ist es warm, hier ist es hell,

da draußen friert es mich so schnell.

Marzipan

Marzipan zur Winterzeit

ist es wieder mal so weit.

Jedes Jahr erscheinen wieder

Marzipanvereinsmitglieder.

Knödel oder Schweine,

große oder kleine,

Schornsteinfeger, Glückskleeblatt,

die hab ich schon lange satt.

Mondgeflüster

Ich wander durch die Winternacht,
der Mond hat Lichter angemacht,
begleitet mich in stiller Ruh,
hört meinen Sorgen dennoch zu.

Ich wander durch die Winterzeit,
ersehne mir die Zweisamkeit,
in Einsamkeit muss ich doch wandeln,
der Mond rät mir zu mutgem Handeln.

So soll ich nun sein Herz ihm stehlen,
mit Mondeskraft nicht zu verfehlen,
die Sterne stehen mir zu Seite,
ermutigen mich aus der Weite.

Bald steh ich schon vor seinem Haus,
was schaut da für ein Mädchen raus?
Ich drehe um, was für ein Wahn,
für den doch nur der Mond was kann.

Nach Hause

Nach langer Winterwanderlust
komm ich so gern nach Haus,
mein Wohlstand ist mir wohl bewusst,
manch andrer bleibt dort draus.

Ich aber darf ins Warme gehen,
darf mir den Bauch vollschlagen,
muss nicht mehr länger draußen stehen,
nicht das Erfrieren wagen.

Neubeginn

Der Winter bringt doch Neubeginn,

lässt alles Alte nun zerfallen,

verspricht uns Schönheit und Gewinn,

will uns doch nur gefallen.

Des Jahres Ende liegt bevor,

bringt Abschied uns und Trauer,

legt neue Lieder uns ins Ohr,

von Liebe und Bedauern.

Pudelmütze

Pudelmütze bunt und warm,

bist mein heimlichster Schwarm,

liebe dich und doch auch nicht,

bist mein Kummer und mein Licht.

Setz dich schnell auf meinen Kopf,

bin doch ein verfrorener Tropf.

Dein Bommel wackelt hin und her,

ich muss gestehen, ich mag dich sehr.

Pulverschnee

Hoch in die Luft werf ich ihn gern,

seh jeden einzelnen Flockenstern.

Es glitzert lieblich in der Sonne,

der Anblick ist mir eine Wonne.

Pulverschnee an Sonnentagen,

Schneemagie an Nachmittagen.

Lass uns spielen dort im Schnee

nahe beim gefrorenen See,

wir werfen den Schnee zum Himmel zurück,

genießen heut das Winterglück.

Rauhreif

Winzige Kristalle,

schmücken jedes Blatt,

dem Anblick ich verfalle,

mein Geist wird matt.

Kälte schickt den Reif,

aus in unsre Stadt,

Winter uns schon streift,

die Straße ist auch glatt.

Der Herbstwind ist vergangen,

Schneeduft streift meine Haut,

Winter hat angefangen,

den Sorglosen nun graut.

Räumdienst

Morgens schau ich aus dem Fenster,
da ist sie ja die weiße Pracht,
hat mir Arbeit mitgebracht,

Geh hinauf auf unsre Straße,
seh dort schon den Nachbarn stehn,
muss auch in den Garten gehen.

Große Schaufeln rüffeln grob,
über Stein und Beton,
jedes Geräusch ein Hohn.

Manche dürfen drinnen schlafen,
andre reißt es aus den Träumen,
müssen nun den Schnee wegräumen.

Ruhezeit

Nun kommt die Welt einmal zur Ruh,

nun zeigt sich Winterstille,

vielleicht wirst leise nun auch du,

vielleicht ist das dein Wille.

Genieße doch die stille Zeit,

kehr dein Gesicht nach innen,

bist du zur Einsicht schon bereit?

Kannst du dich schon besinnen?

Saunaabend

Saunaabend auf dem Land,

da sitzen schon die Herren,

das Handtuch in der warmen Hand,

dass halten sie in Ehren,

die dicken Bäuche rot und feist,

die Wangen frostgebeult,

gerad noch waren sie vereist,

vielleicht auch noch verheult.

Schon sitzen sie im Warmen drin,

schon rinnt der schnelle Schweiß,

von Schultern, über Stirn und Kinn,

schon ist den Herren heiß.

Schneeballschlacht

Kinderlachen hallt durch die Straßen,

glockenhell und zauberweich,

können es doch gar nicht lassen,

tauchen ein ins Winterreich.

Schon ist die kalte Schlacht entbrannt,

schon fliegen, weiße Wurfgeschosse,

schon ist der Kampf in Lust entflammt,

schon streiten sich die Bandenbosse.

Da werden Burgen schnell besetzt,

da gibt es feine Schneeballbauer,

da wird wild durch die Straßen gehetzt,

Spione liegen auf der Lauer.

Schneedecke

Weiße Decke, weich und dicht,

sanfter Schneefall, gedämpftes Licht.

Leise verschleierte Schatten,

wolln mir einen Blick gestatten,

in die Zauber der Winterzeit,

endlich ist es nun soweit.

Alles weiß, alles bedeckt,

Winter hat den Schmutz versteckt.

Alles sauber, alles rein,

was so groß war wird nun klein.

Winterzauber legt uns rein,

lässt nun alles heller sein.

Schneeengel

Schneeengel dort auf der Straße,

wer lag wohl dort am Boden,

wenn ich mich verführen lasse,

werde ich ihn loben.

Werde mich daneben legen,

Flügel wachsen lassen,

will mich mit ihnen erheben,

diesen Ort verlassen.

Schneeflockenliebe

Schneeflocke zart und filigran,

was hast du mir nur angetan,

bewunder dich und weiß doch schon,

meine Liebe endet im Hohn.

Viel zu schnell bist du vergangen,

kaum hat die Liebe angefangen,

ich weiß, du kannst nicht lange bleiben,

tanzt nur für kurze Zeit im Reigen.

Kaum kommt ein kleiner Sonnenstrahl,

beginnt schon unser Jammertal.

Du schwindest und ich lass dich gehen.

Werd bald schon neue Flocken sehen.

Schneeflockensturm

Weiß wird die Welt,

wirbelt im Kreis,

vermischt in mir,

was ich nicht weiß.

Winzige Flocken

vereinigen sich,

in wildem Tanz,

verwirren mich.

Seh nicht mehr

die Hand vor Augen

kann mir nicht mehr

selber glauben.

Flockensturm

verwirrt mein Sein,

macht mein Sehnen

ach so klein.

Schneewolke

Schneewolke, Daunengesicht,

deine Last behältst du nicht,

lässt sie gern nach unten wallen,

sanft auf unsre Welt nun fallen.

Schneewolke, feine Gestalt,

legst eine Decke über den Wald,

bestäubst unsre Dächer, bemalst unser Haus,

schickst eine Flocke nach der anderen aus.

Schnupfennase

Schnupfennase rot und rund,

bist doch schon so schrecklich wund.

Taschentuch liegt auch bereit,

es ist wieder Grippezeit.

Sessellift

Dort am Lift stehen sie schon an,

so weit wie man nur sehen kann.

Die Sonne lacht, der Schnee ist weiß,

jeder Skifahrer ist heiß.

Hoch hinauf wollen wir schnell,

lange ist es nicht mehr hell.

Der Sessellift ist unser Segen,

schön bequem und nicht verwegen.

Hinterher kehren wir ein,

gehen wir noch lang nicht heim.

Lustig ist die Hüttenzeit,

voller Gastfreundlichkeit.

Spuren im Schnee

Spuren führen aus der Stadt,

folge ihnen still,

wer sie wohl verursacht hat,

ich erkunden will.

Kleine Pfoten warn es nur,

wohl ein kleines Tier,

folge gerne dieser Spur,

mich treibt die Neugier.

Wo führen sie denn nun hin?

Dort hinten in den Wald?

Hat die Suche hier noch Sinn?

Langsam wird mir kalt.

Da seh ich nah ein braunes Fell,

da spitzen lange Ohren,

die schwarze Nase im Schnee so hell,

ist wohl im Wald geboren.

Sternbilder

Der Winter schenkt uns klare Sicht,

die wundersames uns verspricht,

am Himmel scheinen sie nun hell,

Orion präsentiert sich offiziell,

auch der große Bär

zeigt sein Fell nun her.

Leuchtende Bilder erhellen die Nacht,

die hat der Winter mitgebracht.

Streitfrage

Frostbeule und Schnupfennase

liegen lange schon im Streit.

Jeder sitzt in seiner Blase,

keiner ist zum Frieden bereit.

Anlass ihres Konfliktes,

war nur eine kleine Frage,

ist es Lüge oder stimmt es,

wenn ich die Behauptung wage,

dass der Winter beider Vater

oder beider Mutter ist,

daraus entstand das Theater,

dass bewirkte den ganzen Zwist.

Sturmzeit

Sturmwind bläst nun übers Dach,
stumm verharren wir im Haus.
Tosend braust des Sturmes Krach,
weit über uns ins Tal hinaus.

Wintersturm verweht die Sicht,
die Fenster sind schon weiß geworden,
ein Ende sehen wir noch nicht,
draußen wandern Sturmeshorden.

Tanne

Tanne dort im Winterwald,

wird es dir denn niemals kalt,

frieren niemals deine Nadeln?

Auch nicht deine holzgen Wadeln?

Keine Decke wird dich wärmen,

kein Feuer dich umschwärmen,

stehst dort in der kalten Nacht,

hab schon oft an dich gedacht.

Verlassen

Der Sommer ließ die Welt im Stich,

der Herbst ist schon vorbei,

sind beide lange abkömmlich,

s ist ihnen einerlei,

dass Kälte uns schon überzog,

dass Schnee und Eis nun herrschen,

die weiße Pracht die Äste bog,

so manche dadurch bersten.

Verschneite Welt

Weit liegt die verschneite Welt
vor mir und lässt mich staunen,
Schnee auf die weichen Hügel fällt,
lässt mich verwundert raunen.
Auf weißen Flächen stehen nur,
die Bäume schwarz und kahl,
ohne ihr Kleid so nackt und pur,
wie einzeln hingemalt.

Weißes Haus

Ein weißes Haus steht dort im Garten,

die Kinder können`s nicht erwarten.

Ich hab es ihnen hingebaut,

hab es mir wieder zugetraut.

Erinnert mich an Kindertage,

an Märchenzeit und Wintersage,

Ein Haus aus Schnee, ein Haus aus Eis,

so herrlich sauber, kalt und weiß.

Lass uns noch Hocker für uns bauen,

las uns aus kleinen Fenstern schauen.

Die Hände klamm, der Po friert ein,

so muss das Winterleben sein.

Wellnestag

Zieh die Winterschuhe aus,

streif dir Schlappen über,

komm herein in unser Haus,

sind die Wellnessbrüder.

Massieren dich, bis du entspannst,

begießen dich mit Öl,

schlaf ruhig ein, wenn du kannst,

was für ein Wohlgefühl.

Klangschale und Wärmesteine,

ja das tut dir gut,

bringen deine Seele ins Reine,

schenken neuen Mut.

Winter

Es schneit, die Welt wird weiß,

in mir wird es still.

Kälte, Schnee und Eis,

nichts ist mehr schrill.

Farben sind ausgeblendet,

der Lärm ist gedämpft.

Der Jahreskreislauf endet,

jeder abgekämpft.

Die Hetze des Jahres

Findet nun ihren Schluss,

es sucht nur noch Bares,

wer unbedingt muss.

Die Ruhe im Haus,

genießt wer kann.

Man geht nur hinaus,

wenn man muss, dann und wann.

Oder um die weiße Pracht zu bewundern,

die Sonne glitzernd überm See,

über die Schönheit kann man sich nur wundern.

von Kälte, Eis und Schnee.

Winterabend

Winterabend in der Stadt,

hab die Lichter ausgemacht,

Kerzen reichen völlig aus,

es wird schummrig hier im Haus.

Draußen leuchten die Laternen,

rauben die Bühne den Sternen

Winterabend, Geborgenheit,

Fühl selige Gelassenheit.

Winterbild

Ich male mir ein Winterbild,
mit leuchtenden Farben.
Ein helles Blau, sanft und mild,
versteckt die Sommernarben.

Rosafarbene Wolkenkleider,
bedecken schon die Leinwand,
weiß mal ich auf der Hügel Leiber,
und auf den Ufersand.

Winterbuden

Da stehen schon die Winterbuden,

am Marktplatz aufgebaut,

die fröhlich schon zum Punsche luden,

mit Marktgeschrei so laut.

Da warten schon die Leckereien,

so süß und schmelzend fein,

nun müsste es doch nur noch schneien,

schöner könnt es nicht sein.

Winterfilm

So ein schöner Winterfilm

In kuscheliger Pose,

miteinander wolln wir chilln,

in unser Jogginghose.

Decke aus dem Schrank geholt,

Chipstüte aufgerissen,

die Pizza leicht verkohlt,

wir brauchen ein paar Kissen.

Winterhimmel

Seh hinauf in blaue Sphären,

Schneeflocken sich dort vermehren,

weiße Wolken zeigen nicht,

ihr watteweiches Wintergesicht,

verschleiern ihre Wolkenkunst,

erweisen mir nicht ihre Gunst.

Die Sonne bringt ihren Glanz,

verführt die Wolken doch zum Tanz,

die Flocken tanzen gerne mit,

im federleichten Walzerschritt.

Winterkönig

Der Hauch des Winterkönigs,

lässt mich im Schlaf erzittern,

kann seinen Duft schon wittern.

Seine Stimme hallt eintönig,

durch meinen kalten Geist,

fühl mich im Traum vereist,

bewegungslos erfroren.

So starr steh ich im Wind,

seh dich vor mir, mein Kind,

vom König auserkoren.

Sollst seine Königin sein.

Das will ich nicht erlauben,

du darfst ihm niemals glauben,

dein Untergang ist er allein.

Winterkrähe

Einsam hallt der Krähen Ruf
durch die Winterwelt.
Die Eiseskälte Mangel schuf,
der ihnen nicht gefällt.

Sie suchen dort auf weißem Feld,
nach Beute und nach Futter,
sie brauchen weder Gold noch Geld,
auch Vater nicht und Mutter.

Die Krähen ziehen wieder aus,
überziehen schwarz das Land,
verlasse besser nicht das Haus,
fütter sie nicht von Hand.

Der Hunger hat sie wild gemacht,
sie stürzen voller Gier,
bei Tageslicht oder bei Nacht,
auf jedes Beutetier.

Winterliche Straßen

Wie schön der Schnee die Straßen malt,

die Narben doch bedeckt,

wie alte Zechen er bezahlt

und Hässlichkeit versteckt.

Schon sind die Straßen weiß und rein,

die Fenster leuchten hell,

so schön kann unsre Stadt doch sein,

im weichen Winterfell

Winterlichter

Winterlichter in der Stadt,

erhellen jedes Haus,

dass Türen oder Fenster hat,

feierlich sieht es aus.

Vertreiben Kälte und Einsamkeit,

lachen den Winter aus,

verbreiten nun Geborgenheit,

ernten dafür Applaus.

Winterliebe

In des Winters zartem Hauch,

ist die Liebe was ich brauch.

Sehne mich nach Herzenswärme,

wünsch mir Schmetterlingsschwärme,

die in meinen Bauch mir fliegen,

will nun feuchte Hände kriegen,

wünsch mir so die Liebe her,

brauch im Winter doch nicht mehr.

Winterlust

Draußen fallen weiche Flocken,

drinnen brennt das Feuer heiß,

willst mich ködern, willst mich locken,

ärgerst mich doch gern zum Fleiß.

Kitzelst Emotionen nur,

streichelst mir mein Ego,

Lust entflammt in mir so pur,

brennender Torpedo.

Wintermärchen

Draußen ist es hell und weich,

wie in einem Märchenreich.

Weißer Nebel verzaubert das Land,

die Welt im Eisköniggewand.

Ich seh schon winzige Feen fliegen,

seh Koboldreiche sich bekriegen.

Wilde Zwerge wandern durch den Schnee,

auf der Suche nach Drachen, wie ich es seh.

Nur lasst nicht das weiße Wunder schmelzen,

seh doch eisige Bären sich darin wälzen.

Lasst mir noch meine Wintertraum,

s ist doch so herrlich anzuschaun.

Wintermärchenzeit

Sieh mal hinaus, es ist so weit,

wieder Wintermärchenzeit,

schon seh ich die Schneekönigin,

schon zieht es mich zum Schlosse hin.

Schon seh ich goldne Blumen sprießen,

schon darf ich den Märchenwald genießen.

Ich zeige dir die die Fantasie,

so gleißend hell ist sie sonst nie.

Wintersonne

So tief am Himmel strahlt sie sanft,

die Wärme kommt nur langsam an,

die Tasse Tee am Tische dampft,

ich zieh mir Handschuhe noch an.

Verlasse dann die warme Zuflucht,

sehn mich nach Sonnenstrahlen

begeb mich in die Winterflucht,

lass Wärme mir nun malen.

Wintersonnwende

Die Sonnwendfeuer brennen schon,

lachen dem Winter Spott und Hohn.

Die lange Nacht dauert noch an,

nicht jeder sie genießen kann.

Kälte liegt über dem Land,

ich nehm dich bei meiner Hand,

zieh dich schnell zum Feuer hin,

berühr zärtlich dann dein Kinn.

Gib mir einen Winterkuss,

damit ich nicht mehr frieren muss.

Winterspaß

Winterspaß,

bin klatschnass,

Schneeballschlacht,

bis es kracht.

Schlitten fahren,

Eis bewahren,

schlittern, rutschen,

Pferdekutschen.

Dann ins Haus,

Decke raus,

warmes Getränk,

welch ein Geschenk.

Winterstiefel

Winterstiefel hoch und schwer

zeugen von der Kälte her,

will sie gerne von mir streifen,

Winterzeit entgegenkeifen.

Kannst du nicht den Frühling bringen?

Winters Ende nun erzwingen?

Die Kälte fährt mir durchs Gebein.

Kann denn nicht schon Sommer sein?

Winterstille

Winterstille senkt sich herab,

kehrt ein in Herz und Seele,

sonst hält mich so viel auf Trab,

mit dem ich mich doch quäle.

Die Ruhe flutet meinen Geist,

lässt Zuversicht aufblitzen,

worum auch sonst mein Denken kreist,

darf nun in Stille sitzen.

Wintertraum

Ich fühle mich wie in einem Traum,

losgelöst von Zeit und Raum,

schwebe durch die weiße Pracht,

durch die die Sonne mir schon lacht.

Ich fliege hoch zu Wolkentürmen,

darf träumend durch die Winde stürmen,

genieß im Traum die Winterzeit,

für jedes Abenteuer bereit.

Winterträume

Die Lichter gleißen in der Stadt,

die Fensterscheiben bleiben matt,

Eisblumen malen neue Welten,

die heute schon als Märchen gelten,

Ich hol mir dort am Glühweinstand,

nen Becher Punsch mit reichlich Pfand,

genieße nun die fruchtige Hitze,

viel mehr als eure schnöden Witze.

Ich träum mich fort ins Wintertal

und euer Spott ist mir egal

Winterurlaub

Winterurlaub, ich muss weg,

muss was andres sehen,

vergessen jeden Alltagsdreck,

auf andren Wegen gehen.

Ich pack die Koffer, zieh mich an,

das Auto schon gestartet,

dass ich mich nun verziehen kann,

darauf hab ich gewartet.

Will keines der Gesichter sehn,

die jeden Tag mir lächeln,

will einsam meiner Wege gehn,

für mich alleine schwächeln.

Winterwald

Vor mir liegt eine Zauberwelt,

strahlend schön und klirrend kalt,

unterm klaren Himmelszelt

wartet auf mich der Winterwald.

Schon tauch ich ein in seine Magie,

schon lass ich meinen Geist entführen,

spür seine kalte Energie,

will seine Schönheit zelebrieren.

Winterwanderung

Ich zieh die dicken Stiefel an,

den Mantel und den Schal,

seh aus nun wie ein Wandersmann,

im weiten Wintertal.

Den Stock hab ich schon lang bereit,

die Handschuh und den Hut,

zieh aus nun in die Welt so weit,

das tut mir wirklich gut.

Mit heißem Tee gefüllt die Flasche,

mit Sehnsucht die Seele bestückt,

gepackt ist schon die Wandertasche,

mein Herz wird nun beglückt.

Winterwind

Winterwind

flüstert geschwind,

säuselt leis,

Winterpreis

Winterluft,

Schneeflockenduft,

Zauberschön

anzusehn.

Winterwinde

Kalt streift uns der Winterwind,

jagt ins Haus nun jedes Kind,

friert die roten Wangen ein,

will kein Freund der Seele sein.

Lässt die Träume uns erstarren,

in der Sehnsucht uns verharren,

weht davon die Fröhlichkeit,

schaurig kalte Winterzeit.

Winterwonne

Spaziere durch den Winterwald,

die Nase friert, der Wind ist kalt.

Mein Herz jedoch ist voller Sonne,

genießt die weiße Winterwonne.

Winterwucht

Der Schneesturm durch die Straßen hallt,

mit lautstarker Wintergewalt.

Die Eiskristalle knallen hart,

begib dich nicht auf weite Fahrt,

bleib lieber nun zu Hause sitzen,

der Sturmwind zieht in alle Ritzen,

heiz kräftig deinen Ofen ein,

kalt wird es in den Nächten sein.

Die Winterwucht hat uns im Griff,

verleiht uns eisgen Winterschliff.

Winterzauber

Winterzauber überzieht meine Sicht,

in Eiseskälte manch Ästlein bricht.

Der Atem weiß, die Backen rot,

draußen geraten die Menschen in Not.

Nur wer nun ein Dach hat und Warmes im Bauch,

der sieht die Schönheit und den Zauber auch.

Doch so viele kämpfen um ihr Leben,

kein Winterzauber wird Kraft ihnen geben.

Wipfelwanken

Die Wipfel der Tannen taumeln im Wind,

auf Weihnacht wartet jedes Kind.

Komm mit mir in den Winterwald,

zieh dich warm an, es ist schon so kalt.

Lass uns draußen den Baum doch schmücken,

fremde Seelen damit entzücken,

lass uns Freude andren schenken

auf die Liebe dem Blick lenken.

Wunderstill

Wunderstill ist nun die Welt,

wenn die weiße Pracht fällt,

wenn die weißen Blumen sprießen,

flockenleicht vom Himmel gießen.

Sanft gedämpft wird Lärm und Licht,

Gesellschaft brauche ich jetzt nicht.

Seh hinaus und fühl mich still,

das ist alles, was ich will.

Zimt und Zucker

Über jedem Süßgericht,

wirkt Zimt wie ein Gedicht,

Zucker macht es nochmal besser,

jeder wird zum guten Esser.

Zimt und Zucker überm Brei,

ist doch keinem einerlei,

auch die Pfannenkuchen fein,

können doch noch besser sein.

Weihnachtsmomente

Für all die liebenden Seelen, die weihnachtliche Magie und den Zauber der Adventszeit genießen können.

Alex C. Weiss

Adventsfeier

Adventsfeier mit Kollegen,

da ist so mancher doch verlegen.

Der eine trinkt ohne Unterlass,

auf Peinlichkeit ist bald verlass.

Die Uschi lacht die Chefin aus,

erntet von Berti schon Applaus,

Sabine tanzt mir Edeltraut,

hat sich bisher doch nie getraut.

Hier wird getätschelt, da geküsst,

bei mehr wird hoffentlich geschützt.

Am nächsten klaren Arbeitstag,

gibt's Klatsch so viel wie jeder mag.

Adventskonzert

In der Schule bei den Eichen

gibt es heut noch ein Konzert,

darf dir nicht von der Seite weichen,

nein, das ist es doch nicht wert.

Muss als Mutter dich begleiten,

auch wenn ich es missen wollte,

muss den Raum ganz leis durchschreiten,

sonst gibt es noch ne Revolte.

Da sitzen Teenager so still,

da müssen Eltern leise lauschen,

wenn ich auch nicht hier sein will,

denn die Musik kann nicht berauschen.

Da quietschen Kinderhände kreischend,

über Seiten auf der Geige,

da singen Mädchenstimmen heischend,

so manch langweilige Weise.

Adventskonzert, es muss wohl sein,

wünsch mich in andre Welten hinein.

Adventsmuffel

Du sagst du hasst die Weihnachtszeit,

bist nicht für Dekokram bereit.

Auch Nikolaus ist dir verhasst,

er hat dich einmal angefasst.

Selbst Silvester bleibst du stumm zu Haus,

siehst nicht mal aus dem Fenster raus.

Warum feierst du nicht gern?

Magst keinen Baum und keinen Stern?

Am Kinderkarussell

Am Kinderkarussell, da gibt es viel zu sehen,

da leuchten Kinderaugen und andre Augen flehen.

Der eine darf mal fahren, der andere muss warten,

da hoffen sie lange, sie dürfen auch bald starten.

Da reitet man das Pferd, fährt auf dem Wagen,

da sieht man Buben, die nach Erfüllung fragen.

Und mache Eltern wollen endlich nun nach Haus,

sie sagen doch nicht nein, hoffen es ist bald aus.

Bescherung

Da warten sie schon vor der Tür,

ist alles eingepackt?

Hatte ich auch das richtige Gespür?

Den richtigen Kontakt?

Werden sie die Geschenke mögen?

Seh ich enttäuschte Gesichter vor mir?

Wenn mich meine Gefühle betrögen,

wären sie bald nicht mehr hier.

Doch schon stürmen sie herein,

reißen die Geschenke auf,

bald werden es lachende Gesichter sein,

welch schöner Tagesverlauf.

Besinnlichkeit

Besinnlichkeit was für ein Wort,

trägt alle unsre Ängste fort,

lässt ruhig uns werden und besonnen,

lässt uns genießen Weihnachtswonnen.

Besinnlichkeit im trauten Heim,

friedlich wird es heute sein.

Lass das warme Feuer brennen,

lass nichts unsre Herzen trennen.

Budenzauber

Wieder einmal ist es Advent,

wieder einmal weihnachtlich.

Jeder der mich etwas kennt,

weiß genau, das liebe ich.

Ich lieb die wundersamen Lichter,

die Tannenbäume reich geschmückt,

die kleinen rotbackigen Gesichter,

die Kinderaugen so entzückt.

Die weihnachtlichen Düfte,

nach Zimt und Schokolade,

die kalten Winterlüfte,

zu Punsch ich nun einlade.

Christbaumkugeln

Jedes Jahr zur gleichen Zeit,

mach ich alles stets bereit.

Die Kisten auf dem Speicher,

werden niemals leichter.

Denn jedes Jahr kommt was hinzu,

mal kauf ich was, mal schenkst es du,

Christbaumkugeln sind es meist,

werden ja oft angepreist.

Die Kisten werden immer breiter,

die Stellfläche, sie dehnt sich weiter,

schon ist der ganze Boden voll,

ach Weihnachtsdeko ist doch toll.

Christbaumständer

Der Christbaumständer ist verbogen,
die Oma hat mich angelogen.
Der Baum geht gar nicht leicht hinein,
sie sagt, das kann so schwer nicht sein.

Der Papa wettert schon im Haus,
bekommt die Tanne nicht mehr raus.
Nun steht sie schief, ist doch egal,
wir haben ja doch keine Wahl.

Christfestzauber

Bin eingeladen heute Nacht,

freu mich schon lang darauf,

was hast du nur mit mir gemacht,

spür Kribbeln doch zuhauf.

Ich sehn mich schon nach deiner Nähe,

seh vor mir dein liebes Gesicht.

Wenn ich es doch nur wirklich sähe,

doch noch treffe ich dich nicht.

Der Zauber einer Weihnachtsnacht,

hat ja noch nicht begonnen.

Was mit mir deine Liebe macht,

hab ich mir lang ersonnen.

Christkind

Hast du das Christkind schon gesehen?

Es wird wohl über die Dächer gehen.

Es wird wohl um die Kamine fliegen,

vielleicht begrüßt es noch die Ziegen.

Besucht es Obdachlose noch?

Vertreibt er der Depressiven Loch?

Hilft es zuvor den armen Leuten?

Muss es noch Glockenblumen läuten?

Hast du das Christkind schon gesehen?

Vielleicht muss es doch weitergehen.

Dekolust

Den einen packt die Dekolust,

der andere schiebt nur noch Frust.

Überall Schleifen, überall Schmuck,

da fehlt nur an der Decke der Stuck.

Kitschige Engel hängen am Baum,

für die einen ein Gräuel, für die andren ein Traum.

Bitte verschon mich, ich mag es doch schlicht,

stell keine goldenen Teller auf den Tisch.

Statt all der bunten Kugeln im Grün,

wäre schlichter weißer Schmuck doch schön.

Vielleicht gibt es zumindest einen Kompromiss,

Das regeln wir beide doch ganz gewiss.

Der letzte Tag im Jahr

Da ist es wieder mal so weit,

viel zu schnell vergeht die Zeit.

Es ist der letzte Tag im Jahr,

so eilig es vorüber war.

Was haben wir denn unternommen?

Welche Erfolge abbekommen?

Dahingerieselt sind die Tage,

waren zu leise und zu wage.

Der Weihnachtsbaum

Im Traum hab ich ihn schon gesehen,

leuchtend stand er bei uns zu Haus.

Nun muss ich in den Wald raus gehen,

da hol ich mir den Baum heraus.

Ich wander vorbei an hohen Tannen,

an kleinen Kiefern, sanften Fichten,

manch eine hat schon leichte Schrammen,

vielleicht kann man das ja noch richten.

Ich seh mir all die Bäume an,

tief in mir entscheid ich dann,

ich will keinen von ihnen haben,

schmück doch mein Haus mit andren Gaben.

Hier im Wald sind sie so schön,

zu Haus muss ich sie verdorren sehn.

Die vierte Kerze

Vier Kerzen brennen schon am Kranz,

der Enkel packt der Katze Schwanz

und zieht mal an, das Tier schreit auf

und hüpft schnell auf den Tisch hinauf.

Die wundersamen Feuerquellen,

können nun gar nichts mehr erhellen.

Sie liegen auf dem Teppich nun,

die Hausfrau hat gleich viel zu tun.

Engelshaar

Ein silberner Zwirn

hängt dort an der Tanne,

es ist wohl Engelshaar.

Du runzelst die Stirn,

du wartest nicht lange,

sagst das wär doch nicht wahr.

Schon lange kaut Zweifel,

schon lange die Frage,

ob Christkind existiert.

Wenn ich auch schmeichel,

am adventlichen Tage,

hab ich doch akzeptiert,

die Tage der Wunder

sind lange vorbei

kommen nicht zurück.

Doch gehn sie auch unter,

ists nicht einerlei,

ich schenkte dir Weihnachtsglück.

Eisenbahn

Jedes Jahr nur im Advent,

holst du die Bahn hervor,

die schnaufend über die Gleise rennt,

ein Quietschen raunt ins Ohr.

Die Kinder sehen staunend zu,

die Tanten stehn daneben,

in aller Mitte, da sitzt du,

lässt die kleine Welt erbeben.

Engelsgleich

Engelsgleich stehst du vor mir,

verliere mich beinah in dir,

deine Liebe strahlt so weit,

genieß mit dir die stille Zeit.

Danke, dass du bei mir bist,

mich niemals vergisst.

Ich liebe dich, das musst du wissen,

will dich niemals mehr vermissen.

Genieß die Weihnachtszeit mit dir,

ein Gefühl von trautem Wir.

Erinnerung an alte Tage

Lange schon liegt es zurück,

in Erinnerung entrückt.

Seh noch vor mir dein Gesicht,

vergessen hab ich dich nicht.

Du schenktest mir in Kindestagen,

als andre nicht zu hoffen wagten,

Liebe und auch Zuversicht,

vergessen hab ich dir das nicht.

Ich danke dir an jedem Tag,

so gut ich es eben vermag

und denk an dich zur Weihnachtszeit,

häng fest in der Vergangenheit.

Es ist so weit (Advent)

Es ist so weit, Advent beginnt,

ich lauf durch die Welt, staunend wie ein Kind.

Drück mir die Nase an Schaufenstern platt,

streiche altes Geschenkpapier glatt.

Es ist so weit, ich spür schon die Wärme,

denke an Menschen in weiter Ferne.

Ich schreibe Karten mit viel Bedacht,

hab heute auch schon an dich gedacht.

Es ist so weit, die Zeit der Lichter,

die Zeit der freundlichen Gesichter.

Bald sehen wir uns, bald ist es so weit,

gemeinsam genießen wir die Weihnachtszeit.

Familientreffen

Schon treffen sich alle wieder zu Tisch,

schon gibt es wieder Kartoffeln und Fisch.

Sie sitzen zusammen nur einmal im Jahr,

weil es so schon immer war.

Was haben sie sich zu sagen?

Was können sie bloß wagen?

Gibt es dieses Jahr wieder nur Streit?

Wann kann ich wieder gehen, wann ist es so weit?

Und endlich schließen sich die Türen,

endlich muss man sich nicht mehr berühren,

geht getrennte Wege, sucht zu Hause Trost,

warum, warum nur macht man das bloß?

Familienzeit

Ich bin noch lange nicht bereit,

es folgt nun die Familienzeit,

ich muss gestehn, ich mag es nicht

doch nach der Kür folgt doch die Pflicht,

Die Weihnachtszeit so ruhig und still,

ist eher das, was ich gern will.

Doch schon poltern sie herein,

es wird wohl Onkel Dieter sein.

Die Neffen hat er im Gepäck,

die linsen schon nach dem Gebäck.

Die Tante stolpert hinterdrein,

keift Dieter an, ganz schön gemein.

Meine Mutter kommt noch hinterher,

lange sah ich sie nicht mehr.

Sie streitet schon mit Papa Klaus,

was ist mir das ein Graus.

Familienzeit

Familienstreit

Festessen

Da will die Mutter Braten servieren
und Knödel warm und rund.
Dem Vater will das festlich zieren,
dem wässert schon der Mund.

Doch s Schwesterlein, das jammert sehr,
es muss veganes Essen her.

Schon holt die Mutter aus dem Schrank,
Gemüsedosen und auch Reis.
Werkelt in der Küche so gewandt,
schon sind noch mehr Gerichte heiß.

Da beschwert sich der Onkel sehr,
n kühles Bier muss auch noch her.

Schon ist die Mutter auf dem Weg,
im Keller steht das Helle,

es ist des Onkels Privileg,

sie holt es flott und schnelle.

Da jammert schon die Großmama,

es ist nicht genug Soße da.

Wieder steht Mutter in der Küche,

schon hört man wieder Töpfe knallen,

da gibt es neue leckre Gerüche,

da hört man Mutters Stimme hallen.

Da jammert nun auch noch der Vater,

was soll denn wieder das Theater.

Nun schreite ich doch endlich ein,

die Mutter muss doch auch mal essen,

das kann doch nun nicht richtig sein,

dass alle nur ihr Tun erpressen.

Festlichkeit

Der Baum steht rot und golden da,

Geschenke sind drapiert,

Lichterketten leuchten klar,

das wurde akzeptiert.

Feierliche Musik im Ohr,

schon summt man leise mit.

Heiß brummt schon das Ofenrohr,

singt mit den andren im Schritt.

Der Tisch ist auch schon voll gedeckt,

die feinen Gläser hingestellt,

da glänzt das silberne Besteck,

festlich ist heut die Welt.

Feuerzangenbowle

Der Rotwein wurde schon versetzt,

der Zuckerhut wird aufgesetzt,

im Fernsehn läuft der alte Streifen,

nach dem Rum wollen wir greifen.

Schon entflammt der Zuckerhut,

karamellisiert so gut.

Wollen nun den Brauch genießen,

Rum noch übern Zucker gießen.

Freude schenken

Ich schenke dir ein Herz voll Gold,

ich schenke dir Zeit und Liebe,

ist beides von dir nicht gewollt,

warn`s bei dir wohl nur Triebe.

Frohe Weihnachten

Frohe Weihnachten wünsche ich,

Besinnlichkeit für euch und mich.

Geschenke die euch Freude bringen,

Menschen für die eure Herzen singen.

Ich wünsch euch eine schöne Zeit,

Wärme und Gemütlichkeit.

Lasst es euch gut gehen, genießt unsre Welt,

auf die (hoffentlich) weicher Schnee heute fällt.

Frohe Weihnachten euch

Ich wünsche frohe Weihnachten, ein besinnliches Fest,

ich wünsch euch jemanden der sich lieben lässt.

Ich wünsch euch einen Abend so beschaulich und still,

dass niemand das Ende des Abends heut will.

Ich wünsche Freundschaft und ein friedliches Herz

und ein Weihnachten ohne jeglichen Schmerz.

Kein Streit und kein Neid sollen das Fest heute stören,

der Gott, an den ihr glaubt soll eure Gebete erhören.

Ich wünsche nur für diesen einen Tag,

dass Geborgenheit unterm Baum heute lag.

Dass ihr genießt euer Fest mit Menschen, die ihr liebt

Und es heute für euch nur Frohsinn gibt.

Gänsebraten (mag ich nicht)

Gänsebraten mag ich nicht,

ein Braten ist doch keine Pflicht.

Ich ess Kartoffeln oder Klöße,

ich geb dir damit keine Blöße.

Warum machst du mich denn schräg an?

Nur weil ich Fleisch nicht essen kann?

Iss du deine Tiere, wenn du willst,

ich will nicht, dass du sie für mich killst.

Und auch zur Weihnachtszeit mag ich,

niemals Fleisch und auch keinen Fisch.

Geborgenheit zur Weihnachtszeit

Geborgenheit zur Weihnachtszeit,

bringt in mir vor Gelassenheit.

Genieße die Stille der Winterwelt,

genieße wie leise der Schnee auf sie fällt.

Das Knistern im Ofen beruhigt meine Sinne,

während ich zu entspannen beginne.

Geborgenheit zur Weihnachtszeit,

endlich ist es wieder so weit.

Geschenke

Ich suche noch ein Geschenk,

soll was Besondres sein.

Was von Herzen, wie ich denk,

nicht zu groß und nicht zu klein.

Ich will Freude mit ihm bringen,

will ein Lächeln sehen,

fröhlich soll der Beschenkte singen,

nicht enttäuscht von dannen gehen.

Ach was ist das wieder schwierig,

was rauchen schon die grauen Zellen,

Ideen sammle ich noch gierig,

sollen meinen Geist erhellen.

Geschenkpapier

Geschenkpapier ist aus,

hab keines mehr im Haus.

Die Läden sind schon zu,

ich weiß nicht was ich tu.

Nichts ist bisher eingepackt,

vielleicht bleibt das Geschenk nun nackt,

vielleicht hab ich noch eine Tasche,

verschließe sie mit einer Lasche.

Nein, das sieht doch grausig aus,

so kann ich nicht außer Haus.

Mit was packe ich es nun ein?

Zeitungspapier soll es sein.

Glockenklang

Hell und klar hört man die Glocke,

das Fest soll nun beginnen,

es haut mich fast aus meiner Socke,

die Verwandten singen.

Da erklingt oh Tannenbaum,

da hör ich schon die stille Nacht,

das ist sonderlich anzuschaun,

wer hat sie nur dazu gebracht?

Nein, es war die Schwägerin,

die wollte das schon lang,

die hat für sowas einen Sinn,

für festlichen Gesang.

Goldbeglänzt

Strahlend packt die Weihnachtszeit,

alles in ein andres Licht.

Goldbeglänzt und silberbestäubt,

Leicht gedämpft und sanft betäubt.

Lass die finstersten Gedanken

nicht mehr durch die Welt nun wanken,

lass Frieden in die Herzen kehren,

nur Waffenhändler sich beschweren.

Zum Christkind wünsch ich mir nur Frieden,

zu lang ist er zurückgeblieben.

Herzenswärme

Herzenswärme im Advent,

das wäre doch mal ein Geschenk,

liebe Worte statt viel Geld,

Frieden für die ganze Welt.

Verbreitet nun die Botschaft weiter,

lass uns nett sein und auch heiter,

lasst uns Herzenswärme schenken,

lasst den Frieden uns bedenken.

Hirtenfeuer

Dort auf den Weiden liegen die Hirten,

die Schäflein schlafen fest.

Lass dich vom alten Greis bewirten,

bau dir bei ihnen ein Nest.

Sie zünden die großen Feuer an,

der Heiland ist geboren,

folg ihren Schritten und gib dann,

dem Kindlein auserkoren,

deine Gaben in sein Lager,

grüß seine Eltern sanft.

Ist ihr Dank auch noch so hager,

Frieden du doch verlangst.

Hoch oben

Hoch oben auf dem Baum,

da steht der Weihnachtstraum,

ein Stern leuchtet herab,

hoffentlich geht er nicht ab.

Von oben sendet er das Licht,

so ganz dazu passt er nicht.

Die Mutter schenkte ihn mir ja,

drum wird er genutzt, sonnenklar.

Auch wenn der Schmuck sonst silbern glänzt,

der Stern ihn nicht so gut ergänzt,

wir wollen der Mutter die Freude machen

und ernten dafür ihr liebes Lachen.

Honigkuchenpferd

Du siehst so wunderbar fröhlich aus,

tanzt pfeifend durch das ganze Haus.

Bringst dort die Tannengirlande an,

verteilst die Kugeln dann und wann.

Das Mehl steht auch schon auf dem Tisch,

die Eier gekauft, sie sind ganz frisch.

Ausstecher sind auch bereit,

denn nun ist es Plätzchenzeit.

Bald steht auch Eintopf auf dem Herd,

du bist meine Honigkuchenpferd.

Jahresende

Das Jahresende steht bevor,

schon lang verklang der Weihnachtschor,

die Englein flogen schon davon,

das Jahr verging in Eile schon.

Grad war noch Frühling, grad lachte die Sonne,

nun wartet die Silvesterwonne.

Wo ging die Zeit nur so schnell hin?

Was brachte dieses Jahr denn Sinn?

Wie verbrachte ich die ganze Zeit?

Bin ich fürs neue Jahr bereit?

Die Vorsätze vom letzten Jahr,

erfüllt ich nicht, das ist doch klar.

Kerzenschimmer

Kerzenschimmer

Schneeflockenglimmer,

heilige Nacht,

weiße Pracht.

Schönheit und Glanz,

Schneeflockentanz,

Wunder der Nacht,

hats Christkind gebracht.

Krampus

Jedes Jahr zur gleichen Zeit, fürchte ich mich sehr.

der Krampus steht bereit, seine Augen sind leer.

Er kommt auch nicht alleine, bringt Schergen mit,

da folgt das Krampusheer, auf Schritt und Tritt.

Will nicht durch die Straßen gehen, bleib zu Haus.

Wenn ich den Krampus seh, geh ich nicht raus.

Krippenspiel

Krippenspiel, ich wollts nicht sehen,

musste mit der Familie gehen.

Mein Neffe ist einer der Hirten,

die Tante, die darf uns bewirten.

Da stolpern auch die Schafe rein,

verkleidete Kinder müssen es sein.

Die schreien laut ihr Mäh in den Raum,

es ist gar grausig anzuschaun.

Maria ist ein kleines Kind,

die Tränen laufen schon geschwind.

Sie hat doch ihren Text vergessen,

da hats vom Vater was gesessen.

Oh nein, besinnlich ist das nicht,

und sicher nicht der Kinder Pflicht,

lasst sie doch frei sein und gelassen,

sonst werden Weihnachten sie hassen.

Kugelmagie

Kugeln hol ich nun hervor,

hör ihren Klang schon im Ohr.

Fallen sie auf Stein herab,

bringen Scherben uns auf Trab.

Sollen doch am Baum nur hängen,

doch du darfst sie nicht so drängen.

Sei schön sanft, sonst fallen sie,

Sanftheit ist hier die Magie.

Lebkuchenhaus

Zusammen backen wir ein kleines feines Haus,

die Hexe schaut aus dem Fenster raus.

Der Hänsel steht davor, muss hungrig wieder sein.

Und Gretel meint die Hexe muss in den Ofen rein.

Das Haus sieht lecker aus, wir essen es gleich auf.

Sind Gummibärchen dran und Zuckerguss ist drauf.

Leierkastenmann

Jeden Tag steht er am Eck,

spielt den Leierkasten,

sammelt Geld für den guten Zweck,

auf seine eignen Lasten.

Für das Tierheim spielt er Lieder,

manchmal hat er einen Hund dabei,

jeden Tag kommt er wieder,

die Kälte ist ihm einerlei.

Lichterkette

Ich hol die langen Kabel raus,
mit Lichtlein reich bestückt.
Da fällt direkt ein Lämpchen raus,
ich fluche nicht beglückt.

Hab noch Ersatz, ist schnell gemacht,
s´ ist wieder alles heil.
Schon wieder meine Sprache kracht,
verheddert ist das Seil.

Na gut, das werde ich schon richten,
mit ganz viel Geduld,
werd alles ordentlich entschichten,
bin schließlich selber schuld.

Nun endlich hängt sie an dem Baum,

schnell den Stecker in die Dose,

das ist gar grausig anzuschaun,

das Kabel ist nun lose.

Da leuchtet nichts, da blinkt kein Licht,

alles nur stumpf und leer.

Verflucht den Baum, den brauch ich nicht,

schenk ihn gleich wieder her.

Märchenwald

Der Märchenwald hinter dem Dorf,

ist den Besuch doch wert,

erst wandert man durch dunklen Torf

dass auch die Stille lehrt.

Dann vorbei am schwarzen See,

die dunklen Tannen warten.

Wenn ich die Wipfel seh,

will ich in den Hexengarten.

Den gibt es dort zu sehen

und auch der Elfen Hain.

Du darfst gern mit mir gehen,

zur Weihnachtszeit solls sein.

Marzipankartoffel

Da liegt sie wieder auf dem Teller,

ist lieblich anzuschauen,

der Griff zur Gabel ist noch schneller,

schon will man an ihm kauen.

Doch die Erwartungen irrtümlich,

werden zu oft betrübt.

Sehen sie auch dem Kloße ähnlich,

ihr Geschmack doch nicht genügt.

Neubeginn

Das neue Jahr liegt nun vor mir,

ich sammel mich im jetzt und hier.

Mag es auch etwas seltsam sein,

ein Neubeginn kanns wieder sein.

Kalender neu und unbeschrieben,

keine Termine zu verschieben.

Der frische Schnee liegt auf dem Jahr,

der erste Tag, wie wunderbar.

Neujahrsgebet

Ich wünsche mir von ganzem Herzen

ein Jahr ganz ohne Seelenschmerzen,

ohne Zweifel, ohne Angst,

weiß nicht, was du dafür verlangst.

Ich wünsch mir Frieden auf der Welt,

dass Menschlichkeit nun Einzug hält.

Gleiche Rechte für alle Leute,

keinen Mob und keine Meute.

Neujahrswunsch

Ich wünsche dir fürs neue Jahr,

Gefühle weich und wunderbar,

Selbstbewusstsein, klares Denken,

lass dich nicht von andren lenken.

Ich wünsche dir fürs ganze Leben,

Menschen, die dir Liebe geben,

Ein starkes Herz für dich allein,

kannst glücklich auch für dich nur sein.

Nikolaustag

Ein Tag wie jeder ists für mich,

doch nicht für unsre Kinder,

die warten wieder sicherlich,

und freuen sich nicht minder.

Da kommt er wieder der rote Geselle,

mit weißem Rauschebart,

sein Pferdeschlitten voller Felle,

die Kufe kalt und hart.

Schon winkt er allen Kindern zu,

verteilt kleine Geschenke,

wirkt warm in kalter Winterruh,

warmherzig wenn ich´s bedenke.

Nussknacker

Nussknacker, alter Geselle,

längst in die Jahre gekommen.

Stehst dort an der üblichen Stelle,

vor Jahrzehnten aufgenommen.

Schon seit meiner Kindheit kenn ich dich,

deine seltsame Statur,

fand dich schon damals gruselig,

in deiner breiten Figur.

Dein Mund wirkt immer ausgehungert,

dein Blick ist kalt und starr,

bist einer, der herumlungert,

ein weihnachtlicher Narr.

Ochs und Esel

Jeder kennt doch die Geschichte,

vom Jesuskinde dort im Stall.

Es gibt gar vielerlei Berichte,

von Geburt und Sternenfall.

Doch kennt ihr auch die beiden Tiere,

die dem Kindlein ihre Wärme schenkten?

Sie legten sich auf alle viere,

wollten das heilge Kind nicht kränken.

Sie pusteten die warme Luft,

ins kleine Krippelein.

Wärmten im sanften Heuduft,

das lieblich Kindelein.

Plätzchenduft

Im Haus verströmt in warmen Schwaden,

der Backofen nun süßen Duft,

wird sie bald auf den Teller laden,

ihr Geruch schon meine Zunge ruft.

Schon spür ich weihnachtliches Grummeln,

schon fühl ich sanfte Geborgenheit,

werd mich heut mal zu Hause tummeln,

bin schon zur Weihnachtszeit bereit.

Postkarte

Ich schreib dir eine schöne Karte,

ich hab sie selbst bemalt,

auf Antwort ich dann lange warte,

Porto wurd nicht bezahlt.

Ich schenk dir ein hübsches Präsent,

freu mich aufs Dankeschön,

das ist dir doch zu dekadent,

darf ohne weitergehn.

Ich frag dich gerne wies dir geht,

hör deinen Worten zu.

Erzählst du auch wie`s bei dir steht,

Gegenfragen sind Tabu.

Drum wünsch ich dir zur Weihnachtszeit

nun andre liebe Freunde.

Du bist zum Geben nicht bereit,

erfüllst nur deine Träume.

Rauschgoldengel

Ich schlender über den Weihnachtsmarkt,

die Lichter erhellen mein Gemüt,

da hält mich auf, ganz ungefragt,

eine Gestalt von himmlisch Geblüt.

Ihr golden Haar im Licht erglimmt,

die Flügel weiß erhoben,

sie dann schon ihre Kehle stimmt,

will Gott den Herren loben.

Rauschgoldengel, rein und hell,

willst dein Lied mir singen,

doch lauf lieber weiter schnell,

sollst Erlösung mir nicht bringen.

Schaufenster

Schaufenster zur Weihnachtszeit,

alles ist schon lang bereit.

Lichterglanz und Weihnachtsengel,

davor gibt es schon Gedrängel.

Was solln wir denn diesmal schenken,

worin unsre Münzen schwenken.

Locker sitzt das Portemonnaie,

ein goldnes Kettchen ich dort seh.

Vielleicht wird das das Richtige sein,

lieber pack ich es gleich ein.

Silvester

Silvesterfeier, Bombenstimmung,

Neujahrswünsche und Bestimmung.

Da werden Küsse ausgetauscht,

da wird das Nebelhirn berauscht.

Da jagt man Lichter in die Luft,

da gibt es grauen Räucherduft.

Da lärmt es, kracht es ringsherum,

das Spiel ist mir doch viel zu dumm.

Ich tröste lieber meine Katze,

halte still die kleine Tatze

und lass die andern krachend nur

das Jahr beenden um zwölf Uhr.

Silvesterknaller

Du hast den Einkaufswagen voll,

wartest darauf das ganze Jahr.

Ich hab schon jetzt die Nase voll,

weiß noch wie letztes Mal es war.

Vor meiner Tür schießt du es hoch,

die Katze rennt davon.

Ich weiß ja, du genießt es noch,

für mich ist es nur Hohn.

Gibt keinen Sinn den ganzen Dreck

in den Himmel hochzuschießen.

Komm werf doch deine Böller weg,

lass lieber Blumen sprießen.

Sternenzeit

Weihnachtszeit ist Sternenzeit,

man sieht sie überall,

es ist wieder einmal so weit,

hör schon der Chöre Hall,

die ihre Schönheit doch besingen,

ihre Lieblichkeit beschreiben sie gerne,

müssen nicht um Worte ringen,

singen leis noch in der Ferne.

Tannenbaum

Tannenbaum am Waldesrand,

er nimmt die Axt schon in die Hand,

da blutet die Rinde, da splittert das Holz,

da trägt er den Christbaum heim voller Stolz.

Tannenduft

Tannenduft und Zimtgenuss,

Plätzchenform und Schokoguss,

Geschenkpapier und Schleifenlust,

vielleicht auch etwas Weihnachtsfrust.

So schön ist es doch im Advent,

die Zeit in der man lange pennt,

und dann am letzten Samstag noch,

Geschenke kauft, im Weihnachtsloch

Tannenwald

Der Himmel strahlt so blau herab,

bringt meine Beine schon auf Trapp.

Lass uns hinaus in den Tannenwald,

dort ist die Luft so klar und kalt.

Dort glitzert der Schnee auf den hohen Kronen,

dort kann man sein Winterherz belohnen.

Weihnachtlich weitet sich mein Geist,

dort draußen ist es schon so weit.

Die Tiere freuen sich über Kastanie und Nuss,

ich wünsche mir einen zärtlichen Kuss,

kalte Nasen, die einander berühren,

lass uns die Wärme der Weihnachtszeit spüren.

Traumstille

Der Abend liegt in Ruhe da,

die Kindlein lange träumen,

ein Wunsch wird für uns beide wahr,

müssen den Platz nicht räumen.

Haben das Sofa nun für uns,

halten uns fest in Stille.

Endlich mal ohne Hinz und Kunz,

das war heut unser Wille.

Warten

Schon warten die Kinder,

schon startet der Winter,

schon schart sich die Freude,

schon rodelt die Meute.

Vorfreude pur,

Menschlichkeit nur.

Genuss für die Welt,

hat man genug Geld.

Weihnachtsabend

Die Spannung ist groß bei den Kindern.

Die Vorfreude kaum noch zu mindern.

Die Augen leuchten, die Sinne gespitzt.

Der Tannenbaumstamm ist schon angeritzt.

Passt genau, alles steht einwandfrei,

nun die Geschenke eins zwei drei.

Die Eltern spielen Christkind,

die Kinder glauben brav.

Die Geschenke bringt der Wind,

und der Abend bringt den Schlaf.

Doch vorher die Geschenke noch schnell aufgerissen,

bespielt und bewundert oder gleich weggeschmissen.

Die Kekse in den Mund gestopft,

Die Soße auf die Tischdecke tropft.

Bei manchem rinnt der Wein die Kehle hinab,

die Kinder halten derweil alle auf Trapp.

Ja können die denn nicht mit den Geschenken spielen?

Und sich durch das Geschenkpapier wühlen?

Die Erwachsenen wollen doch jetzt auch mal ihre Ruh,

es ist schon spät mein Kind, mach die Augen zu.

Gute Nacht, morgen ist auch noch ein Weihnachtstag,

da besuchen wir die Tante, die dich so gern mag.

Weihnachtsabend, so schnell schon vorbei,

Da liegen die Geschenke, eins zwei drei.

Socken, Auto und ein Buch obendrein

und daneben die leere Flasche Wein.

Weihnachtsbude

Weihnachtsbude dort am See,

sinnlich schöner Schmuck.

Kauf gleich alles, was ich seh,

fühl mich unter Druck.

Ist doch für den guten Zweck,

wird doch wohl gespendet,

ich kauf den ganzen Dekodreck,

bin in der Falle verendet.

Weihnachtsfilm

In jedem Weihnachtsfilm gibt's doch

auch die große Liebe,

Da ehren sie die Treue noch,

vergessen schnöde Triebe,

da schlägt das Herz noch bis zum Hals,

da wird noch sanft geküsst,

das Fest der Liebe jedenfalls,

hat keinen Zauber eingebüßt.

Weihnachtsgeflüster

Draußen fallen leise Flocken,

wollen uns hinaus schon locken.

Flüstern höre ich sie leise,

jede wispert auf andere Weise.

Sie singen still ein Weihnachtslied,

vergessen sei nun Leid und Krieg.

Frieden ziehe ein ins Land,

reißt nun ein die Waffenwand.

Weihnachtlich soll Friede sein,

lassen wir uns darauf ein.

Zuerst im Kleinen, dann weltweit,

wann nur wann ist es so weit?

Weihnachtsglück

Seelig ist mein Herz und warm,

der Kummer ist vergangen,

Weihnachtszeit bringt festlich Charme,

ich bin nicht mehr befangen.

Die Lichtlein erhellen mein Gemüt,

die Düfte trösten mein Gefühl,

noch ist die Freude nicht verblüht,

bin voller Mitgefühl.

Weihnachtsgruß

Ich wünsche dir zur Weihnachtszeit,

viel Liebe und Gelassenheit,

lass Stress und Hast mal außen vor,

schenk Freundlichkeit und ein offenes Ohr.

Ich wünsch dir Glück und Zuversicht,

ein fröhlich Lächeln im Gesicht.

Genieß die Stille Zeit im Jahr,

ich hoffe sie ist wunderbar.

Weihnachtsküche

Draußen fällt schon leis der Schnee,

drinnen brummt der Herd.

Wenn ich in die Töpfe seh,

ist es das Warten wert.

Da kocht der Rotkohl wunderlich,

da brodelt schon die Soße,

die Kekse riechen so köstlich,

voll Mehl ist Hemd und Hose.

Weihnachtskuscheln

Die ersten Flocken fallen schon,

weihnachtlich ist mir zumute.

Gemütlich ich nun wohn,

das kommt auch dir zugute.

Lass uns nun kuscheln

und Lieder hören,

in Weihnachtstee nuscheln,

keiner darf stören.

Weihnachtsliebe

Du stehst dort unterm Tannenbaum,

hab grad dich erst gesehen.

Beleuchtet wie in einem Traum,

ich hoff du musst nicht gehen.

Die Weihnachtsfeier war so fad,

nun hab ich dich getroffen,

wir sehen uns beim Riesenrad,

dein Lächeln lässt mich hoffen.

Weihnachtsmagie

Die Lichter leuchten schon am Baum,

ich lebe meinen Weihnachtstraum.

Ein Engel singt, die Glocke erklingt,

es ist so weit weiß jedes Kind.

Nun wird die wundersame Magie,

sich entfalten, schön wie nie.

Weihnachtsabend, Weihnachtszeit,

kommt alle her, es ist so weit.

Weihnachtsmann

Du glaubst noch an den Weihnachtsmann,

der die Geschenke bringen kann.

Das Christkind hilft ihm sagt Mama,

zufrieden nickt auch der Papa.

Und siehst du ihn im Laden stehn,

willst du an seine Seite gehn,

willst Frieden erbitten für die Welt,

das ist doch was allen gefällt.

Warum nur schenkt er es dann nicht?

Das wär doch seine gute Pflicht.

Weihnachtsmärchen

Da sitzen sie schon aufgereiht,

die Popcorn stehen auch bereit.

Geschenke sind längst ausgepackt,

Kinderfüße baumeln im Takt.

Schon flimmert er, der große Kasten,

schon drückt man Fernbedienungstasten.

Derselbe Film wie jedes Jahr,

so wie seit Kindheit an es war.

Das alte Märchen wolln wir sehn,

in alte Fantasien eingehn,

die Nostalgie der Jugend spüren,

lassen uns erneut verführen.

Weihnachtspost

Das gelbe Auto vor der Tür,

vielleicht bringt es was Schönes mir,

einen Brief oder ein Paket?

Was hast du mir hineingelegt?

Wie aufregend, wie wundervoll,

weiß nicht, ob ich es öffnen soll.

Was steht denn da? Was seh ich dort,

geschrieben in Zahl und Wort?

Erst an Heiligabend aufmachen,

was sind das denn für Sachen.

Nun darf ich doch nicht starten,

muss noch viele Tage warten.

Weihnachtstrunken

Weihnachtstrunken liegt die Welt

in Geschenkpapier,

goldversunken, lichtverstellt,

so seh ich sie vor mir.

Schon quillen alle Tonnen über,

schon sind die guten Flaschen leer,

da stolpert man über Müllberge drüber,

da lacht schon der Geschenke Heer.

Zu viel gegessen, zu viel geschlemmt,

die Gespräche sind verklungen,

waren viel zu ungehemmt,

haben alles nur verschlungen.

Voller Bauch und leeres Hirn,

so liegen wir zu Haus,

schlagen stöhnend uns vor die Stirn,

halten uns nicht mehr aus.

Weihnachtswelt

Ich wander durch die Weihnachtswelt,

genieße ihre Stille.

Weil es mir hier so gut gefällt,

erfasst mich die Idylle.

Ich geb mich ihrer Schönheit hin,

ergeb mich ihrer Gaben,

bin tief in ihrem Weihnachtssinn

und will mich daran laben.

Weihnachtswonne

Weihnachtswonne, Weihnachtsbeben,

was kann es denn Schöneres geben?

Dekoriere das ganze Haus,

weihnachtliches für Hund und Maus.

Weihnachtsstimmung überall,

wir feiern einen Weihnachtsball,

rote Kugeln, gelbe Lichter,

freudig lachende Gesichter.

Weihnachtswonne, Weihnachtstraum,

glitzernd schöner Weihnachtsbaum.

Weihnachtszeit ist da

Weihnachtszeit, so wunderbar,

freu mich schon lange drauf,

Lichterwald und Engelshaar,

Geborgenheit zuhauf.

Lass uns die stille Zeit genießen,

lass freundlich uns nun sein.

Kein Öl mehr in die Feuer gießen,

es darf auch friedlich sein.

Weihnachtszeit

Weihnachtszeit

Es ist so weit,

Lichtschein uns erhellt,

friedlich liegt die Welt.

Das wär toll,

doch in Moll

tönt es derzeit überall,

Gestritten wird im Überschall.

Dumpf und dunkel ist die Zeit,

Streit und Zwietracht ist nicht weit.

Alle streiten hin und her,

ich kann nicht mehr.

Wollte die Weihnachtszeit genießen,

doch der Fluss kann nicht mehr fließen,

ist gestört,

nicht erhört.

Frieden wünschen wir uns sehr,

wünschen wir uns immer mehr.

Angst und Kummer drückt uns nieder,

und schon streiten wir uns wieder.

Lasst uns nur mal kurz vergessen,

lasst uns feiern, trinken, essen,

nur genießen, nicht mehr denken

und einander Liebe schenken.

Wichtelzeit

Schon beginnt die Wichtelzeit,

schon wird wieder gezogen.

Welcher Name liegt bereit,

ist er mir wohl gewogen?

Wen muss ich zur Weihnachtszeit

dieses Mal beglücken,

ist er zum Gegenzug bereit?

Wird er mich auch bestücken.

Wichtelfrust oder Wichtelglück,

das liegt so nah zusammen.

Doch kann man ja nicht mehr zurück,

man hat schon angefangen.

Winters Hand

Tannenzapfen, Kieferduft,

Winter liegt schon in der Luft.

Noch ist Herbstwind nicht vergangen,

hat gerad erst angefangen.

Doch schon schwirren kalte Lüfte,

locken winterliche Düfte.

Eine Ahnung zieht durchs Land,

ich glaub es ist schon Winters Hand.

Winterzeit, die dritte Kerze

Die dritte Kerze, die Zeit verstreicht,

jede Stunde dieses Jahres entweicht,

die Kälte lädt zum Kuscheln ein,

ein gutes Buch, ein Gläschen Wein …

Im Ofen prasselt schon ein Feuer,

ich lese von Rittern und einem Ungeheuer,

so lieb ist mir die Winterzeit,

die dritte Kerze, es ist bald so weit.

Wundergolden

Die Sonne liegt tief überm Haus,

der Himmel sieht so golden aus.

Die weißen Hügel sind bemalt,

der Tag hat schon dafür bezahlt.

Die Abendsonne strahlt herein,

alles darf wundergolden sein.

Verzaubert ist nun Haus und Garten,

die Nacht darf noch ein bisschen warten.

Wunschzettel

Wunschzettel in Krakelschrift,

was steht dort geschrieben?

Ich wünsch mir ein Piratenschiff

und Eltern die sich lieben.

Ich wünsche mir ein Fahrrad

und ein ruhiges zu Haus,

geb jeden Tag eine gute Tat,

halt Streit nun nicht mehr aus.

Zeit für Wunder

Nun ist es endlich Zeit für Wunder,

das Herz ist sehnsuchtsvoll gefüllt.

Und dennoch brennt die Welt wie Zunder

und Wünsche werden nicht erfüllt.

Wo ist der Frieden für die Welt?

Wo singen Engel ihre Lieder?

Wo ist das goldne Himmelszelt?

Weihnachtszeit bringt uns nichts wieder.

Zuckerzeug

Lecker riecht es hier im Haus,

mir hängt schon die Zunge raus.

Sabbernd sehe ich mich um,

alles versteckt, frag mich warum.

Wo sind die Kekse und die Kuchen,

warum muss ich immer suchen?

All die Bonbons und die Tafeln,

willst von Genügsamkeit doch schwafeln,

Doch Zuckerzeug, das sag ich dir,

ist weihnachtliches Souvenir,

das gehört doch zu der Weihnachtszeit,

bin nicht zu deiner Diät bereit.

Zum 2. Advent

Die Zeit verrinnt, schon brennen zwei,

Kerzen doch s ist einerlei.

Wir wollen uns nicht hetzen,

uns lieber einmal setzen.

Das Jahr ist bald zu Ende,

manch einer ringt die Hände.

Ich genieß die ruhige Zeit,

s ist ja bald so weit.

Ich mag den Lichterglanz,

den Baum und auch den Kranz,

darin liegt doch Magie,

und ein wenig Harmonie.

Zwischen den Jahren

Zwischen den Jahren steht die Zeit still,

Momente zu bedenken, was man im Leben will.

So vieles ruht nun,

so wenig zu tun.

Die Gedanken haben Platz,

das ist unser größter Schatz.

Was will ich machen?

Wie will ich sein?

Weinen oder Lachen

Engel oder Schwein?

Die eigenen Werte kann man hinterfragen,

die eigenen Taten zum Urteil nun tragen.

So bleiben wie man ist,

oder ändern was einen frisst.

Zur Ruhe kommen,

still und besonnen.

Weitere Bücher von Alex C. Weiss

Fantasy:

o Arenlai Pan

o Arenlai Unsterblich (erscheint voraussichtlich 2025)

o Arenlais Kinder (erscheint voraussichtlich 2025)

o Wörterbuch zur alten Sprache Sirnie

Poesie:

o Leinwandpoesie - Glücksmomente

o Leinwandpoesie - Tränenmomente

o Leinwandpoesie - Wutmomente

o Leinwandpoesie – Traummomente

o Leinwandpoesie – 500 Poesiemomente

o Leinwandpoesie – Herbstmomente

o Leinwandpoesie – Weihnachtsmomente

o Leinwandpoesie – Frühlingsmomente

o Leinwandpoesie – Sommermomente

o Leinwandpoesie –Jahreszeiten

Liebe Lesenden,

vielen Dank für den Kauf meines Buches.
Ich hoffe ich konnte ein paar schöne, zur Jahreszeit passende Momente mit meinen Gedichten bescheren.

Ob Frühling, Sommer, Herbst und Winter oder auch die wundervoll magische Weihnachtszeit, jede hat doch ihre eigenen Wunder zu bieten.